Jefferson & Juellen

SOS DO AMOR

Vida

Editora Vida
Rua Conde de Sarzedas, 246 — Liberdade
CEP 01512-070 — São Paulo, SP
Tel.: 0 xx 11 2618 7000
atendimento@editoravida.com.br
www.editoravida.com.br
@editora_vida /editoravida

SOS DO AMOR
© 2023, by Jefferson & Suellen

Todos os direitos desta edição em língua portuguesa são reservados e protegidos por Editora Vida pela Lei 9.610, de 19/02/1998.

É proibida a reprodução desta obra por quaisquer meios (físicos, eletrônicos ou digitais), salvo em breves citações, com indicação da fonte.

∎

Exceto em caso de indicação contrária, todas as citações bíblicas foram extraídas da *Nova Versão Internacional* (NVI) © 1993, 2000, 2011 by International Bible Society, edição publicada por Editora Vida. Todos os direitos reservados.

Todas as citações bíblicas e de terceiros foram adaptadas segundo o Acordo Ortográfico da Língua Portuguesa, assinado em 1990, em vigor desde janeiro de 2009.

∎

Editora-chefe: Sarah Lucchini
Editora responsável: Mara Eduarda V. Garro
Preparação: Jacqueline Mattos e Maurício Zágari
Revisão: Rosalice Gualberto
Revisão de provas: Paulo Oliveira
Coordenadora de design gráfico: Claudia Fatel Lino
Projeto gráfico e diagramação: Marcelo Alves de Souza
Capa: Vinicius Lira

As opiniões expressas nesta obra refletem o ponto de vista de seus autores e não são necessariamente equivalentes às da Editora Vida ou de sua equipe editorial.

Os nomes das pessoas citadas na obra foram alterados nos casos em que poderia surgir alguma situação embaraçosa.

1. edição: set. 2023

Dados Internacionais de Catalogação na Publicação (CIP)
(Câmara Brasileira do Livro, SP, Brasil)

Jefferson & Suellen
   SOS do amor / Jefferson & Suellen. — Guarulhos, SP: Editora Vida, 2023.

   ISBN 978-65-5584-446-7
   e-ISBN: 978-65-5584-451-1

   1. Casamento 2. Casais - Relacionamento 3. Casamento - Aspectos religiosos - Cristianismo 4. Homem-mulher - Relacionamento - Aspectos religiosos 5. Namoro - Aspectos religiosos - Cristianismo I. Suellen. II. Título.

23-168244   CDD-248.844

Índice para catálogo sistemático:
1. Casais : Aconselhamento conjugal : Vida cristã : Cristianismo 248.844
Cibele Maria Dias - Bibliotecária - CRB-8/9427

"Diante de uma geração cujos jovens sequer sabem quem são, Deus levantou os nossos amigos Jefferson e Suellen, que se mostram como uma esperança para o futuro. Nós garantimos que eles têm propriedade para falar a respeito de relacionamentos amorosos. Nunca nos esqueceremos dos conselhos preciosos que eles nos ofereceram exatamente no dia do nosso casamento, pois suas palavras foram fundamentais para elevar o nível do nosso relacionamento a um patamar diferenciado, protegendo-nos de possíveis armadilhas, bem como fortalecendo a nossa união. *SOS DO AMOR* é um verdadeiro tesouro para aqueles que desejam trilhar o caminho de um relacionamento amoroso extraordinário."

– DR. MOISÉS E MIMY BICHARA

Moisés é pregador e advogado. Com sua esposa, Mimy, tem um filho; ambos administram o canal "Moisés e Mimy" no YouTube.

"É com muita alegria que recomendamos a todos vocês o primeiro livro de Jefferson e Suellen, *SOS DO AMOR*. Temos a honra de ser os pastores deles e ver que a humildade, a dedicação e a busca constante por viverem de modo agradável a Deus têm sido o seu segredo para alcançarem grandes conquistas. Com certeza, a inspiração e a sabedoria dedicadas à escrita das páginas deste livro serão uma ferramenta de Deus para edificação e até restauração de muitos relacionamentos."

– PR. CLÁUDIO E PRA. GISELA CAETANO

Pastores-presidentes da Assembleia de Deus em
Jaraguá do Sul, Santa Catarina

"É uma honra apoiar Jefferson e Suellen em sua jornada. Este é um casal que amamos e admiramos muito, por causa da devoção, superação, unidade e fidelidade de ambos. Muito nos honra recomendar o seu livro, *SOS DO AMOR*. A dedicação com que se empenham em compartilhar sabedoria e orientações valiosas é verdadeiramente louvável. Que este livro inspire e fortaleça muitos relacionamentos."

– PR. LADSTONE E PRA. CINTIA NASCIMENTO

Pastores da Assembleia de Deus Missão em Lowell, Massachusetts

"O que Deus tem feito por meio da vida do Jefferson e da Suellen nesta geração ficará marcado para sempre na história. Não são apenas canções e pregações que eles ministram, e sim doses da manifestação celestial aqui na Terra. Este livro fará parte de um processo transformador em sua vida sentimental e também espiritual. Aproveitem, pois está realmente incrível!"

– EV. GUILHERME BATISTA
Evangelista e criador de "O retiro", "Minha missão" e "Exército de oração"

"Os propósitos de Deus são eternos, e Jefferson e Suellen os vivem dedicando-se ao ministério do servir. Criados aos pés da cruz de Cristo Jesus, eles têm influenciado uma geração, levantando o estandarte de Cristo e transmitindo os valores inegociáveis do Reino de Deus. Que esta obra o inspire a perseverar e confiar em Deus para a realização de seu propósito por meio de nós, assim como disse o apóstolo Paulo: 'querendo o aperfeiçoamento dos santos, para a obra do ministério, para edificação do corpo de Cristo' (Efésios 4.12 – ARC)."

– DR. GERALDO E DRA. ROSANGELA GALINDO
Geraldo é professor de teologia e dermatologista, Rosangela é endocrinologista. Ambos atuam como líderes de casais.

"Por muito tempo de nossa vida, acreditamos que amor era sentimento, mas e se eu lhe dissesse que é uma decisão e um mandamento, você acreditaria? *Ahava* (אהבה) é uma palavra em hebraico que significa "amar", porém carrega uma profundidade que vai além das quatro letras traduzidas para a língua portuguesa. *Ahava* significa dar; fala sobre uma entrega racional, sobre entregar a alguém, racionalmente, aquilo que se tem, sejam ações ou palavras.

Essa entrega expressa a maneira de conseguirmos amar alguém, e não a fazemos apenas quando estamos bem ou quando julgamos que o outro mereça. Por isso é algo racional, e não se trata de sentimento. Razão é compromisso, e é isso que precisamos entender quando decidimos amar alguém, seja em relação ao amor fraterno, físico, familiar ou divino.

No amor é possível encontrar o SOS de que precisamos, pois ele tem o poder de colocar limites, tirar máscaras, trazer lições que nos tornam maduros e de nos ensinar como de fato devemos agir nas diversas situações da vida quando se trata daqueles a quem amamos.

Se o amor é uma decisão, endosso este livro com a mesma perspectiva de Isaque ao decidir orar por Rebeca, amando-a. Quando ela saiu de sua origem, para chegar ao seu destino, que era Isaque, ele saiu ao campo para orar: 'E Isaque saíra a orar no campo, à tarde; e levantou os seus olhos, e olhou, e eis que os camelos vinham. Rebeca também levantou seus olhos, e viu a Isaque, e desceu do camelo' (Gênesis 24.63,64 – ACF). Com isso, percebo que assim como amar é decisão, orar também é! Não começamos amando, começamos orando, para então amarmos.

Recomendo esta obra, que é uma bênção e representa a união entre uma oração e o amor. Jefferson e Suellen, parabéns por essa maravilhosa inspiração!"

– PR. ADSON BELO

Teólogo, pastor sênior na Igreja Missão Apostólica da Fé (IMAFE)
e CEO do Instituto Teológico Pescador de Almas (ITEPA Bible College)

AGRADECIMENTOS

Em primeiro lugar, somos gratos ao Pai, que manifesta diariamente a sua bondade em nossa vida. Com sua graça, ele tem forjado nosso coração e fortalecido nosso casamento, habilitando-nos a contribuir para a sua obra gloriosa, a fim de que o nome de Cristo seja cada vez mais conhecido e exaltado.

Em segundo, agradecemos às nossas famílias, líderes e pastores, que nos incentivaram em nossa jornada e contribuíram para o nosso crescimento emocional e espiritual com sabedoria, amor e cuidado.

Por fim, nosso muito obrigado a todos que nos apoiaram na elaboração deste livro, pois sem o seu auxílio este projeto jamais estaria completo. É uma bênção poder experimentar o amor de Deus por meio de suas vidas.

DEDICATÓRIA

Dedicamos este livro a todos que nos acompanham nas redes sociais, aos que estão conosco nos eventos e cultos de que participamos. É um privilégio receber o carinho e incentivo de vocês.

O conteúdo destas páginas é dedicado a todas as famílias brasileiras que buscam permanecer firmes nos ensinamentos de Jesus. Que elas sejam fortalecidas com a graça do Senhor para deixarem um legado de amor, fé e esperança às próximas gerações.

SUMÁRIO

PREFÁCIO.. 11

INTRODUÇÃO.. 15

1. **Identidade**.. 19
Quem eu sou em Cristo?

2. **Propósito**.. 39
A vontade de Deus para o nosso futuro

3. **O propósito do relacionamento** 55
Aprendendo a esperar em Deus

4. **Expectativas**... 73
Como escolher bem

5. **Conselhos práticos**.. 91
Dicas para relacionamentos de sucesso

6. **Nossa história**... 111
Jefferson & Suellen

7. Namoro saudável 127
Como se relacionar segundo a vontade de Deus

8. O casamento 147
A importância de uma preparação correta

9. Conclusão 165
Dicas e conselhos finais

PERGUNTAS E RESPOSTAS 175

PREFÁCIO

O amor é uma das maiores dádivas que o Pai nos concedeu, além de ser parte de quem ele é: "Quem não ama não conhece a Deus, porque Deus é amor" (1 João 4.8). Ao enviar o seu Filho Unigênito para habitar conosco e entregar-se em nosso resgate, concedeu-nos a oportunidade de vivermos uma nova vida em Cristo. Assim, experimentamos liberdade, esperança e graça, somos curados, restaurados e fortalecidos a cada dia.

Mais do que desfrutarmos do amor, somos incentivados por Jesus a sermos tão cheios dessa dádiva a ponto de transbordarmos em compaixão, afeto e cuidado para com as pessoas ao nosso redor, o que caracteriza o segundo maior mandamento bíblico: "Ame o seu próximo como a si mesmo" (Mateus 22.39b). Dessa forma, seguimos uma caminhada de obediência ao Senhor, por meio da qual somos levados a amar como Jesus, que se sacrificou por amor a cada um de nós.

O Filho de Deus se entregou por inteiro a fim de que fôssemos resgatados, perseverando até a morte, e isso nos constrange também a renunciarmos a própria vida, tomar a nossa cruz e segui-lo (cf. Mateus 16.24). Dia após dia aprendemos com o nosso Mestre manso e humilde o significado do verdadeiro amor, que não busca interesse próprio, mas está sempre disposto a se doar pelo outro. E um dos espaços mais propícios para exercitarmos o caráter amoroso de Cristo é dentro de um relacionamento, no qual homem e mulher, capacitados pelo Espírito Santo, aperfeiçoam-se em amor ao passo que dividem a vida lado a lado.

Entretanto, essa não é uma tarefa simples, e existem muitas etapas importantes anteriores ao "sim" dito no altar. Encontrar a pessoa certa com quem caminharemos pode ser um desafio, principalmente quando não estamos maduros e devidamente alinhados à vontade do Senhor. Por isso, ao longo destas páginas, somos chamados a entender que o verdadeiro amor não é uma fantasia de contos de fadas, mas sim uma construção diária, a qual demanda empenho, sabedoria e discernimento.

Sou imensamente grato pelo privilégio de prefaciar esta obra, escrita pelos meus amigos Jefferson e Suellen. Com este livro em suas mãos, você está prestes a embarcar em uma jornada de transformação e descoberta, guiado por um casal querido e cheio do Espírito Santo. Através de conhecimentos e experiências compartilhados por eles, que certamente tocarão o mais profundo de sua alma, você obterá maior clareza a respeito de relacionamentos amorosos conforme a vontade de Deus.

Esta obra foi preparada para inspirar e encorajar você nesse percurso apaixonante, tendo em mente que o Senhor carrega um plano perfeito para cada coração. Preparar-se para o casamento é uma missão empolgante e desafiadora, que exige paciência, dedicação e autoaperfeiçoamento. Com o suporte deste material, você encontrará as ferramentas necessárias para seguir esse caminho de forma consciente e esperançosa.

Oro para que estes aprendizados sejam uma fonte de incentivo e motivação para o seu crescimento pessoal e espiritual, um farol de esperança e um chamado para que todos possamos amar como Jesus amou. Que a leitura destas palavras desperte em você um desejo ardente de buscar relacionamentos que glorifiquem a Deus e sejam fontes de bênçãos em sua vida!

Com toda gratidão ao Senhor e um carinho imenso pela sua vida, eu convido você a participar deste trajeto de autodescoberta e busca pela pessoa com quem irá partilhar a vida debaixo da bênção do Pai. Que a graça divina esteja sempre guiando e fortalecendo você em cada passo!

Desfrute desta preciosa jornada de descobertas sobre o amor!

DEIVE LEONARDO

INTRODUÇÃO

É com enorme alegria que trazemos para vocês o **SOS do Amor**! No decorrer das próximas páginas, nós, Jefferson e Suellen, compartilharemos algumas histórias, aprendizados e conselhos com todos que desejam viver relacionamentos saudáveis e de acordo com a vontade do Senhor. Trataremos desde o momento da escolha do parceiro até o namoro, noivado e, finalmente, o casamento!

Escolher a pessoa com quem irá se casar é uma das decisões mais significativas que você pode tomar. Afinal, o matrimônio é um compromisso feito diante de Deus para toda a vida, uma promessa de amar, respeitar e apoiar o outro, aconteça o que acontecer. Como cristãos, devemos entender a profundidade de uma aliança entre marido e mulher antes mesmo de pensarmos em namorar, e este livro guiará você nesse importante percurso de conhecer os planos divinos para esse tipo de relacionamento.

Hoje em dia, é fácil se iludir com expectativas irreais — como moças que buscam por um "príncipe encantado" ou rapazes que idealizam uma mulher perfeita — e ter pressa para iniciar um namoro por carência, influência dos amigos ou simplesmente pelo medo de ficar sozinho. No entanto, esse tipo de postura pode levá-lo a grandes frustrações, causar feridas emocionais e até mesmo resultar em relacionamentos problemáticos. Por esse motivo, precisamos compreender que nossa fonte primordial de amor está em uma relação íntima com o Senhor.

A partir desse relacionamento, compreenderemos nossa identidade em Deus, em seguida o propósito que ele nos reservou e o intuito de desenvolvermos relacionamentos. Essa série de descobertas transformou nossa vida e nos guiou em direção ao casamento; explicaremos com detalhes como esse processo aconteceu e como você pode aplicar tais aprendizados no seu dia a dia através de passos práticos. Queremos ajudá-lo a encontrar o seu par e iniciar uma nova jornada ao seu lado, porém tenha em mente que aqui não há espaço para fórmulas mágicas, e sim para o amadurecimento emocional e espiritual, elementos essenciais em qualquer relacionamento.

Às vezes, quando estamos procurando por alguém, somos influenciados apenas por nossas emoções ou por uma boa aparência, mas precisamos prestar muita atenção em valores e propósitos de vida. Por meio desta leitura, você entenderá que deve aprender a se comunicar de forma sincera e respeitosa para conhecer profundamente a pessoa com quem deseja se relacionar. Então, será capaz de equilibrar suas expectativas, preparar-se para um compromisso maduro no tempo certo, em vez de tomar decisões precipitadas.

INTRODUÇÃO

Em cada capítulo, contaremos nossas vivências, como passamos pela fase da adolescência e o que aprendemos aconselhando solteiros e casais cristãos ao longo do nosso ministério. A leitura deste livro será como se sentar à mesa e ter uma conversa conosco, ouvindo nossas reflexões sobre o romance e o amor segundo os princípios bíblicos.

Além disso, esta obra discutirá a importância de compreendermos e respeitarmos as diferenças entre homens e mulheres, já que ambos têm papéis fundamentais e distintos em um relacionamento abençoado. Por meio de conselhos preciosos específicos para o público feminino e masculino, você saberá como valorizar as peculiaridades de cada um e trabalhar em harmonia para construir um lar firmado em Jesus à luz da Palavra.

Então, prepare-se para iniciar essa empolgante caminhada conosco! Estamos certos de que ela transformará a sua forma de enxergar a si mesmo e permitirá que você amadureça sua visão a respeito do amor.

Queremos que sua vida amorosa reflita a glória do Senhor e funcione como um instrumento para cumprir os propósitos divinos, portanto esteja aberto a ser confrontado e aperfeiçoado durante esta leitura. Que o Espírito Santo toque o seu coração a partir daqui, e que sua mente seja renovada para que você experimente a plenitude dos desígnios de Deus em sua vida!

Capítulo 1
IDENTIDADE

Quem eu sou em Cristo?

É bem provável que você tenha escutado algo sobre o conceito de **identidade** ao longo da vida, mas será que já investiu tempo refletindo sobre o que isso realmente significa e qual sua importância? Ao buscar a definição desta palavra nos dicionários, você lerá que se trata do conjunto de características responsáveis pela autenticidade de um indivíduo, ou seja, a sua identidade seria a soma de tudo aquilo que faz você ser... **você**!

Com isso em mente e considerando o tema deste livro, queremos convidar você a refletir sobre a seguinte questão: seria prudente entrar em um relacionamento sem antes saber quem você é de verdade? Vale muito a pena pensar sobre essa pergunta, pois abarca um assunto essencial ao sucesso da área afetiva de sua existência: o autoconhecimento. Este é um ponto que consideramos basilar na vida e, quando falamos

SOS DO AMOR

especificamente acerca de relacionamentos, notamos que ele possui um impacto profundo.

Juliana

Eu me lembro de um namoro que tive antes de conhecer o Jefferson, era adolescente e não tinha muita clareza sobre minha verdadeira identidade e o valor que Deus enxerga em mim. Algo marcante naquela relação foi o fato de que eu buscava sempre me moldar ao que agradava meu namorado, tanto no que diz respeito à minha aparência quanto ao modo de pensar. Antes de buscar no meu Pai a verdade sobre quem eu era, submetia-me ao que outra pessoa esperava de mim sem questionar se aquilo estava de acordo com a vontade de Deus ou não.

Você pode imaginar que essa relação não foi nada saudável e acabou deixando uma série de feridas em meu coração. Hoje, com muito mais maturidade e entendimento sobre quem eu sou em Cristo, percebo que de fato não foi prudente ter vivido um namoro naquela época. Eu estava bastante vulnerável a qualquer sugestão, sem saber ao certo do que gostava, o que queria fazer da vida nem simplesmente quem eu era; o pior é que esse namoro acabou me levando a buscar respostas longe das verdades que o Pai afirma sobre mim.

Tudo mudou quando me atentei às palavras de amor que o Senhor tinha a meu respeito, passei a me conhecer verdadeiramente e a viver os propósitos divinos dia após dia. Foi, por sinal, neste processo que tive a minha percepção sobre relacionamentos totalmente transformada, pois já não queria ter uma relação para garantir algum tipo de validação ou ser aceita. Sabia que a melhor aceitação que poderia ter já estava comigo e vinha do meu Pai celestial, ele me levou a sonhar com família de forma saudável, buscando a honra e glória do seu nome.

Foi depois disso que conheci o Jefferson, e nosso relacionamento foi totalmente diferente do que tinha vivido antes. Desde o começo, fomos sinceros um com o outro; em nossa primeira conversa, esclarecemos os nossos desejos, planos e propósitos pessoais de uma maneira clara e objetiva. Então, como já tínhamos nossas perspectivas de futuro bem definidas e notamos que elas se encaixavam muito bem, decidimos começar um namoro, tendo, é claro, o objetivo de nos casarmos.

Como faz diferença iniciar uma relação convicta sobre quem você é! Aliás, descobrir o que Deus diz a seu respeito certamente não o ajudará apenas em termos afetivos, mas se trata de uma base fundamental para a sua caminhada com Cristo e o cumprimento do propósito divino em sua vida. Sem este entendimento precioso, estaremos vulneráveis ao engano, às armadilhas que levam ao pecado e à distorção da nossa personalidade.

Quando não sabemos muito bem quem somos, é fácil começarmos a agir, falar e nos comportar de acordo com o que vemos ao nosso redor; mal nos damos conta e acabamos copiando as atitudes, o estilo e até as ambições das pessoas de maior visibilidade em nosso meio. Mas o fato é que o Pai formou cada um de nós de forma única e exclusiva, então, se estamos sempre imitando alguém, evidentemente não estamos vivendo de acordo com o seu plano, e pode ter certeza de que não há nada melhor do que viver exatamente a vida projetada por ele.

Assim como o Senhor falou a Jeremias, afirma a cada um de nós: "**Antes de formá-lo no ventre eu o escolhi**; antes de você nascer, eu o separei e o designei profeta às nações" (Jeremias 1.5 – grifo nosso). Deus já o conhecia antes de formá-lo no ventre de sua mãe, ele designou algo específico para sua vida; no caso de Jeremias foi ser profeta, e no seu? Já sabe? Se ainda não tiver certeza, fale com o Pai e busque entender, dedicando-se a viver sem jamais se afastar dos propósitos e objetivos designados para você.

NOSSA CARTEIRA DE IDENTIDADE

Já entendemos que somos preciosos aos olhos do Senhor e que ele possui projetos específicos para cada um nós, desde antes do nosso nascimento. Mas sabe qual é a nossa característica primordial como cristãos? Sermos filhos de Deus, simples assim.

Pense na sua carteira de identidade, um documento essencial para exercer seus direitos de cidadão e ser reconhecido como membro da sociedade. Será que ela tem esse nome à toa? Claro que não, nela constam as informações principais que o definem na perspectiva do Estado brasileiro. Entre esses dados, ganha destaque o nome dos nossos pais, de modo que ao analisarem o seu documento, facilmente saberão de quem você é filho. Da mesma maneira, a marca do cristão é ser um filho amado de Deus, como o Pai afirmou a Jesus e é verdade para todos que o aceitam como Senhor e Salvador:

> [...] "Tu **és o meu Filho amado**; em ti me agrado". (Lucas 3.22 – grifo dos autores)

Jesus veio à Terra para que obtivéssemos acesso ao novo nascimento. A regeneração em Cristo é um resgate da nossa "certidão de nascimento espiritual", na qual consta que o Céu não é apenas o nosso destino, mas também nossa origem. Somos herdeiros do Reino dos Céus ao lado de Jesus (cf. Romanos 8.17), o que nos garante um título de realeza: "Vocês, porém, são geração eleita, **sacerdócio real, nação santa, povo exclusivo de Deus**, para anunciar as grandezas daquele que os chamou das trevas para a sua maravilhosa luz" (1 Pedro 2.9 – grifo dos autores).

A marca do cristão é ser um filho amado de Deus, como o Pai afirmou a Jesus.

Por meio do sacrifício de Cristo, fomos justificados, purificados e nos tornamos parte da família de Deus (cf. Efésios 2.19), portanto agora carregamos seu nome em nossa carteira de identidade e temos a responsabilidade de refletir sua imagem por onde quer que andemos. Você é uma nova criatura, que deve buscar ser transformada conforme o caráter do Senhor e fazer sua vontade em todo tempo, custe o que custar; isso já deve estar claro em sua mente quando decidir se relacionar com outra pessoa.

"Assim brilhe a luz de vocês diante dos homens, para que vejam as suas boas obras e glorifiquem ao Pai de vocês, que está nos céus" (Mateus 5.16). Ora, que luz é essa a que Cristo se referiu? A resposta é clara: o brilho divino, que faz com que os outros enxerguem Jesus em nossa vida!

Certa vez, eu e a Suellen fizemos uma viagem de dezenove dias a Cancún, assim que liberaram a circulação, após a pandemia de covid-19, por isso foi necessário que ficássemos em quarentena antes de chegarmos ao nosso destino. Ali, conhecemos três jovens brasileiros; passamos um tempo conversando com eles e descobrimos uma afinidade tão boa que continuamos nos encontrando ao longo de toda a viagem. O que me chamou atenção nisso tudo é que não precisamos dizer que éramos cristãos, pois eles mesmos fizeram essa leitura. Lembro que disseram coisas como: "Vocês vão à igreja, né? Dá para notar, porque falam e agem de um jeito diferente".

Ficamos na companhia deles por dezenove dias e foi bem interessante, porque chegaram ao ponto de deixar de irem a uma festa, pois preferiram jantar conosco, foi uma noite muito boa, em que os ouvimos e compartilhamos histórias uns com os outros. Claro que não os obrigamos a nada, eles simplesmente queriam estar ao nosso lado e até mesmo pediram que os aconselhássemos.

No momento em que nos despedimos para retornar ao Brasil, aqueles jovens chegaram a dizer: "Deus abençoe vocês", de tanto passarem tempo conosco. O que eu percebo é que eles enxergavam em nós aquilo que estavam procurando: Cristo! Ele vive em nós e o refletimos em todo tempo. Fato é que esse episódio nos ensinou muito sobre identidade, não pretendíamos evangelizar de uma maneira intencional, estávamos apenas agindo naturalmente. Porém, como buscamos viver em santidade e para a glória de Deus, um testemunho como este fluiu de forma espontânea.

Se tivermos em mente que fomos gerados por Deus e ele é nosso Pai, as pessoas perceberão algo diferente em nós, uma vez que nossa forma de falar e o jeito de conduzirmos as situações distinguem-se da que os demais apresentam. Quando adotamos um estilo de vida que expressa o caráter e o amor de Cristo, naturalmente as pessoas ao nosso redor ficarão no mínimo intrigadas e poderão ser impactadas pelas nossas atitudes.

Entenda: em cada indivíduo há um vazio que só pode ser preenchido por Deus, todos carregam anseio pela eternidade (cf. Eclesiastes 3.11)! Infelizmente, muitas pessoas no mundo têm vivido um transtorno de identidade; nesse contexto, a paz, vida e alegria que o cristão carrega trazem esperança em meio ao caos. Um jovem que decide agir

Em cada indivíduo há
um vazio que só pode
ser preenchido por Deus,
todos carregamos anseio
pela eternidade!

corretamente sem deixar-se influenciar pela opinião alheia destaca-se na multidão, garantindo oportunidades de testemunhar e apresentar Jesus para quem ainda não o conhece, de um modo genuíno e autêntico.

A sua intimidade com Deus lhe trará clareza acerca da identidade de filho amado, o que influenciará sua personalidade, transformará suas atitudes e definirá suas escolhas. Todos esses aspectos fluirão a partir de um perseverante compromisso firmado com o Pai, no qual ele terá espaço para tratá-lo. Deixe que o seu caráter seja moldado por ele, dia após dia; permita que o Espírito Santo guie suas decisões, incluindo a definição da pessoa com quem vai se relacionar.

É possível e saudável prevenir experiências amorosas fracassadas, frustrações, más lembranças e cicatrizes no coração. Caminhe com segurança e espere o momento certo para construir uma relação sólida, duradoura e que agrade o coração de Deus. Utilize o tempo de espera para se tornar a famigerada pessoa certa, assim suas chances de encontrar a pessoa adequada aumentarão exponencialmente! Lembre-se: uma identidade firmada em Cristo traz propósito, clareia perspectivas, aponta caminhos e garantirá uma vida abundante nele.

O PREÇO DA IMATURIDADE

Quando falamos sobre esperar o tempo certo para cada propósito, é porque sabemos a importância disso, afinal, a própria Palavra nos ensina a esse respeito:

Para tudo há uma ocasião; e um tempo para cada propósito debaixo do céu. (Eclesiastes 3.1)

Tratando-se de envolvimentos amorosos, é aconselhável que se espere até atingir certo nível de maturidade. Isso, porque o relacionamento com uma pessoa imatura (e sem uma identidade bem-definida, como já comentamos) possui grandes probabilidades de causar sofrimentos e frustrações. Na tentativa de agradar e satisfazer as expectativas do outro, a tendência será o surgimento de uma falsa personalidade refém dos desejos e idealizações alheias, o que levará a uma dependência emocional, perda de autenticidade e decepções dolorosas.

Portanto, antes de desenvolver uma relação tão próxima com alguém como um namoro, busque primeiramente um relacionamento íntimo com Jesus. Caminhando ao seu lado e permitindo que ele o transforme de glória em glória, você se tornará cada vez mais maduro e consciente de quem é de verdade, deixando a meninice.

Vale lembrar que criança não namora, e embora desde a adolescência já se tenha interesse em relações amorosas, é crucial discernir quando você realmente está maduro. Muitos consideram que o simples fato de se tornar maior de idade já é garantia que a pessoa está pronta para ter um relacionamento, entretanto maturidade não é uma questão meramente legal, mas um processo pessoal, que não se baseia apenas na idade.

Existem adultos com trinta ou até quarenta anos de idade que sofrem conflitos internos devido à imaturidade, e não se espera menos de pessoas ainda mais novas, que estão iniciando sua jornada de autoconhecimento, tendo recém-saído da infância. Um compromisso sério requer responsabilidade, saúde mental e o torna sujeito a desapontamentos, que podem gerar danos mais graves se ocasionados em um período de formação emocional. Considere, então, quem namora

IDENTIDADE • Quem eu sou em Cristo?

uma pessoa após a outra, sem permitir que mágoas sejam curadas: o potencial para acumular traumas é enorme.

Relacionar-se precocemente é prejudicial para o desenvolvimento do nosso caráter e pode atrasar o cumprimento dos planos divinos em nossa vida, portanto não entre em um relacionamento enquanto sua identidade não estiver bem estabelecida, independentemente da sua idade!

Tenha paciência e não pule etapas, não deixe a curiosidade, a carência ou a pressão da sociedade dizer a você que já chegou a hora de experimentar uma fase para a qual ainda não está preparado. Como cristãos, fica claro que o propósito de entrar em um relacionamento é o casamento, e não o mero prazer. Portanto, uma pessoa imatura precisa desenvolver estabilidade na vida para fazê-lo.

> Relacionar-se precocemente é prejudicial para o desenvolvimento do nosso caráter e pode atrasar o cumprimento dos planos divinos em nossa vida.

Ao ler isso, você pode se perguntar: mas como saber se já tenho o que é preciso para iniciar uma relação amorosa? Para ter um pouco mais de clareza a respeito disso, reflita sobre as três perguntas básicas a seguir:

1. Você já está maduro financeiramente?

Uma pessoa madura em termos financeiros é aquela que tem condições de arcar com as demandas de um namoro, no caso do homem, por exemplo, que tenha como levar a namorada para tomar um sorvete ao menos. E sabendo que um namoro saudável tem em vista o casamento, é importante ter também um planejamento nesse sentido. Se você ainda não cumpre esses requisitos básicos, talvez seja tempo de priorizar a sua vida profissional e planejar metas que possibilitarão uma independência financeira em relação a seus pais ou responsáveis e o sustento de um lar no futuro.

2. Você já está maduro emocionalmente?

Todo indivíduo tem de lidar com sentimentos bons e ruins diariamente; se não aprendemos a fazer isso com sabedoria, acabaremos sendo controlados por eles. Portanto, somente quem já é maduro em suas emoções é capaz de encarar os desafios de um relacionamento a dois de forma saudável, comunicando-se com clareza, honestidade e consideração, sem agir impulsivamente diante de situações complicadas e eventuais desentendimentos.

3. Você já está maduro espiritualmente?

Todo cristão deve reconhecer a importância de desenvolver um relacionamento íntimo com o Pai, o que pode ser feito através do exercício das disciplinas espirituais: leitura da Bíblia, oração e jejum. Trata-se de algo crucial em nossa jornada, até porque a maturidade espiritual influencia fortemente todas as demais áreas.

Como a Palavra nos instrui, devemos primeiramente buscar o Reino de Deus e sua justiça, crendo que tudo quanto for necessário em nossa vida nos será acrescentado. O que nos cabe é nos fortalecermos espiritualmente para vencer a nossa carne, desenvolver um caráter manso e humilde como o de Jesus e expressarmos seu Reino de paz, justiça e alegria em tudo o que nos propusermos a fazer.

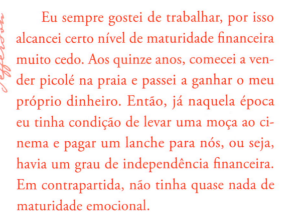

Eu sempre gostei de trabalhar, por isso alcancei certo nível de maturidade financeira muito cedo. Aos quinze anos, comecei a vender picolé na praia e passei a ganhar o meu próprio dinheiro. Então, já naquela época eu tinha condição de levar uma moça ao cinema e pagar um lanche para nós, ou seja, havia um grau de independência financeira. Em contrapartida, não tinha quase nada de maturidade emocional.

Sem a consciência que tenho hoje, pensei que já estivesse pronto para namorar e, com meus dezesseis anos, um grande interesse por uma garota despertou em mim. Então logo me aproximei dela, que a princípio me correspondeu; em um belo dia, porém, me disse: "Gosto de você, mas acho que nosso relacionamento não vai funcionar, porque gosto muito de salto alto e, quando uso, fico mais alta que você". Isso bastou para que eu chorasse a noite toda e seguisse aos prantos por alguns dias.

A minha estatura, que já me causava um nítido incômodo, tendo em vista que eu era um dos menores da minha família, da turma na escola, etc., tornou-se um ponto ainda mais sensível para mim. Naquele momento, sentia como se meu valor estivesse condicionado àquela característica física, crendo que, por não ter determinada altura, não seria aceito. No fundo, eu não estava preparado emocionalmente para ouvir o que a moça dissera, e essa imaturidade me lançou em um grande sofrimento.

A verdade é que eu me encontrava vulnerável e emocionalmente inapto para lidar com algum tipo de rejeição. O que aprendi com o tempo é que, para namorar, é preciso ter a identidade bem-definida no que se refere a finanças, emoções e espiritualidade.

Esse episódio pode parecer um exemplo tolo, mas questões relacionadas à aparência física podem ser bastante delicadas para quem é imaturo e busca sempre agradar aos outros em vez de priorizar o que Deus afirma a seu respeito. Uma pessoa imatura, ao não ser considerada atraente na perspectiva de alguém, tende a fazer disso o foco de toda a sua identidade, o que pode gerar graves distorções na forma como se enxerga e afetar a sua autoestima. Esse tipo de constrangimento pode até se tornar um trauma que se estenderá por longos anos. Assim, um comentário que seria facilmente resolvido entre pessoas maduras tem a capacidade de abalar profundamente aquele que ainda não tem sua individualidade firmada em Cristo.

Entenda que só a presença de Deus agindo em nós e através de nossas atitudes é capaz de gerar o desenvolvimento necessário em nosso ser, até atingirmos o nível correto de preparo para dividir a caminhada com outra pessoa. Quando essa fase chegar, lembre-se de que o Senhor deve continuar acompanhando seus passos, sendo a base para uma vida e, consequentemente, um relacionamento bem-sucedidos.

Só a presença de Deus agindo em nós e através de nossas atitudes é capaz de gerar o desenvolvimento necessário em nosso ser, até atingirmos o nível correto de preparo para dividir a caminhada com outra pessoa.

O MAIS IMPORTANTE: CUIDE DE SUA IDENTIDADE

Sim, queremos muito ajudar você a se preparar para um maravilhoso relacionamento, segundo os princípios de Deus, portanto, além de considerar a maturidade nos diferentes aspectos da vida, lembre-se do que é primordial: sua identidade em Cristo. Esse é um ponto tão profundo, que há novos níveis de revelação a serem descobertos até o fim da vida, mas ao menos os conceitos básicos precisam estar esclarecidos e firmados em sua mente inicialmente. E o ponto mais importante a ser considerado é a sua filiação: você é filho de Deus, mais que isso, é um filho amado!

Todo pai deseja imprimir no filho suas características, valores e princípios. Assim, a nossa identidade é formada quando recebemos a impressão de Deus em nós, já que ele deseja revelar-se ao mundo por nosso intermédio. Por exemplo, como ele é amor, quando escolhemos amar o próximo, expressamos quem é o nosso Pai. Ser parecido com Jesus não está relacionado só com a nossa aparência física, mas sobretudo com as qualidades internas que desenvolvemos, tendo-o como referência primordial na vida; ele é Deus Filho e o exemplo imaculado de irmão mais velho.

Nós, por exemplo, queremos que João Pedro, nosso filho, apresente certas virtudes, e ele poderá aprender isso com nosso exemplo, ao passar tempo conosco, o que pressupõe relacionamento, instrução e dedicação. Do mesmo modo, não conseguiremos basear a nossa identidade nos atributos de Cristo se não nos dedicarmos a estar com ele. Se nascer de novo é a primeira etapa, passar tempo com Jesus — sendo moldado e aperfeiçoado nele — é a segunda.

Ao longo da Bíblia, observamos as tentativas de Satanás de desconstruir a identidade dos servos de Deus. Quando Daniel, Misael, Ananias e Azarias chegaram à Babilônia, a primeira atitude do chefe dos oficiais foi mudar o nome de cada um deles, com o intuito de torná-los mais parecidos com o povo babilônico. Entretanto, fizeram tudo que estava ao alcance deles para preservarem a cultura do povo de Deus: não se contaminaram com a comida do rei nem se curvaram aos deuses daquele local, preservando seus valores, uma vez que sabiam ser um povo eleito e santo. Seguindo este mesmo exemplo, devemos cuidar de nossa identidade, conservando-a com todas as nossas armas espirituais.

> Ser parecido com Jesus não está relacionado só com a nossa aparência física, mas sobretudo com as qualidades internas que desenvolvemos.

Você consegue lembrar-se do episódio em que Jesus foi tentado por Satanás no deserto? "O diabo lhe disse: 'Se você é o Filho de Deus, mande a esta pedra que se transforme em pão'" (Lucas 4.3 – grifo dos autores). O inimigo tentou abalar a identidade de Jesus, questionando sua filiação, na expectativa de confundi-lo, fragilizá-lo e vencê-lo; mas Cristo tinha certeza de quem era e não caiu em tentação.

Reflita novamente sobre sua carteira de identidade: ela é um documento valioso. Ao perdê-la, terá de voltar ao posto de identificação, entrar em uma fila, talvez pagar algumas taxas e aguardar até tê-la em mãos outra vez. É importante que nossa identidade em Cristo seja preservada, pois ela é preciosa, e ao perdê-la nos tornamos sujeitos ao engano e acabamos caindo em todo tipo de armadilha, afinal, nossa mente é frequentemente atacada pela cultura do mundo em que vivemos.

Sendo assim, iniciar um relacionamento convicto da sua identidade como filho de Deus é uma ótima proteção contra inúmeros ataques. A partir do momento em que sabemos de onde viemos, para onde vamos e quem é o nosso Pai, não seremos abalados pelos problemas de nossa vida amorosa. Passamos a entender o nosso valor, não abrimos o coração para qualquer pessoa, nem criamos expectativas em todo rapaz ou moça que encontrarmos ao longo da caminhada, uma vez que estamos convictos de quem somos e sabemos o que desejamos para o futuro.

E você, já sabe?

Capítulo 2
PROPÓSITO

A vontade de Deus para o nosso futuro

O que você vai ser quando crescer? Essa é uma das perguntas que mais escutávamos quando criança e, comumente, as nossas respostas, enquanto pequenos sonhadores, consistia em: "quero ser astronauta", "quero ser policial", "bailarina", "cantor", "professora", "bombeiro"; além das respostas que derretiam o coração de nossos pais: "quero ser mãe, igual você!" ou "quero ser pai, porque você é meu herói!".

Acontece que, ao crescer, muitas vezes acabamos tentando encaixar nossos sonhos na realidade, o que, na prática, se mostra como uma redução de nossos objetivos ou o estabelecimento de metas medíocres. Agora, imagine o que aconteceria se, chegando à fase em que efetivamente começamos a decidir o que faremos da vida, perguntássemos ao nosso Pai, que nos formou, qual direção ele deseja que sigamos. Em vez de perguntar às nossas condições econômicas ou às demandas do mercado, deveríamos recorrer a quem de fato nos conhece, reina sobre o Universo e reserva o melhor a cada um de seus filhos.

Claro que usar a sabedoria para observar o cenário atual, contar com conselheiros confiáveis e observar quais são as suas habilidades e interesses é bem importante para definir a escolha de sua carreira. Esses são passos práticos fundamentais, o problema é quando nos fixamos apenas em aspectos tangíveis e deixamos de usar a fé para direcionar um aspecto tão relevante em nossa jornada. Lembre-se de que Deus é o seu pai e o ama muito, então deveria ser o primeiro a ser consultado quando não há clareza do que fazer ou até quando se tem algo em mente, mas aquilo parece ousado demais e difícil de conciliar com a realidade.

Enfatizamos que ter a identidade firmada em Cristo é um ponto primordial na vida, e isso tem uma relação direta com a descoberta dos propósitos que o Senhor tem a realizar através de cada um de nós. Tudo em nossa vida parte desse entendimento, agora, tratando-se especificamente acerca do entendimento da vontade de Deus para nossa vida, podemos observar a clara diferença entre alguém que sabe quem é no Senhor e de quem não sabe.

Uma pessoa que não carrega a convicção de quem é terá pouca ou nenhuma confiança para arriscar em uma carreira inovadora, por exemplo, também evitará postos muito concorridos e jamais ousará obter uma bolsa de estudos na universidade dos seus sonhos. Ele acaba sendo direcionado pelo medo, baseia-se nas circunstâncias e não na direção do Senhor.

Por outro lado, quem sabe que é um filho amado de Deus tem ousadia para sonhar: se ele ouve do Pai que será presidente da República, logo começará a estudar política,

PROPÓSITO • A vontade de Deus para o nosso futuro

a história de seu país e a se voluntariar em alguma organização que lhe permita desenvolver habilidades básicas de liderança. Se o Pai lhe diz que será um músico itinerante, o qual viverá para escrever e ministrar canções que exaltam o Senhor, ele prontamente irá estudar música, começará a praticar e desenvolver seus talentos nesse sentido e dedicará sua vida a fazer o que foi chamado a desempenhar.

Atenção: não estamos falando para você ser um sem noção e se esquecer das responsabilidades da vida adulta, afinal, é fato que temos contas para pagar e que as oportunidades não vêm de mão beijada. Contudo, você não pode se esquecer de que é filho de Deus, então ore pedindo direção, clame pelas estratégias certas para ser bem-sucedido no que ele designar para a sua jornada.

Vale lembrar que a resposta do Senhor muitas vezes não virá da maneira como esperamos. Já ouviu a história de alguém que conseguiu, **milagrosamente**, entrar em uma empresa excelente, multinacional, e pouco tempo depois já começou a perceber que não era tão fácil exercer seu ofício ali? Nós conhecemos algumas histórias assim e vemos que existem duas possibilidades diante de cenários desafiadores como este: perseverar naquilo que o Senhor colocou em suas mãos, crendo que o poder de Cristo se aperfeiçoa em suas fraquezas (cf. 2 Coríntios 12.9) ou... desistir. Quem é filho de Deus (e brasileiro ainda) com certeza vai escolher a primeira opção!

PROPÓSITO GERAL X PROPÓSITO INDIVIDUAL

Não sabemos que plano Deus tem especificamente para sua vida e talvez nem você mesmo tenha descoberto isso ainda. Mas você sabe que, mesmo antes de entendermos nosso propósito individual, não temos motivo para ficar parados? Sim, independentemente da sua idade e do quanto já conhece sobre o destino que o Pai reservou a você, há algo que todo cristão pode fazer já:

> [...] "Vão pelo mundo todo e **preguem o evangelho a todas as pessoas**". (Marcos 16.15 – grifo dos autores)

Sem desculpa, você pode começar hoje, em qualquer lugar do mundo: na sua escola, no escritório, na rua, onde for! O Mestre deixou muito claro o que devemos fazer nesta Terra, que é anunciar o Evangelho a toda criatura. Esse é um ponto comum a todo cristão e algo que devemos continuar fazendo depois de entendermos a área em que fomos chamados para atuar, talvez nossa linguagem mude se formos trabalhar na área empresarial, musical, ministerial, etc., mas no fundo seguiremos anunciando as Boas Novas do Reino.

Não devemos ficar parados quando ainda não sabemos qual é o nosso propósito específico, também não podemos deixar de buscar essa revelação.

Agora, ao mesmo tempo em que não devemos ficar parados quando ainda não sabemos qual é o nosso propósito específico, também não podemos deixar de buscar essa revelação. Até porque esse é um dos pontos importantes que precisamos saber para entrar em um relacionamento e obter maiores chances de ser bem-sucedidos nele.

PROPÓSITO • A vontade de Deus para o nosso futuro

ALINHAMENTO

Quando o assunto é relacionamento, existem muitas dúvidas sobre a possibilidade de duas pessoas com vocações diferentes construírem um compromisso duradouro. Em nossa concepção, tudo depende de como os chamados de ambos convergem ou se eles divergem totalmente. Por isso aconselhamos que, primeiramente, entenda seu propósito e depois, ao conhecer alguém, verifique se realmente faz sentido correrem juntos.

Imagine-se participando de uma maratona. Você se preparou cuidando da sua alimentação, treinando todos os dias e estudando estratégias para chegar bem até o fim daquele desafio. No dia da corrida, logo no início você cruzou com alguém e assim passam a correr lado a lado; pode ser que essa pessoa tenha a estrutura necessária para continuar seguindo seu ritmo, ou não. Talvez ela seja ainda mais veloz e bem preparada, ou em poucos metros vá desistir.

Pensando na vida a dois, considere uma pessoa que você encontrou "no começo de uma maratona", vocês estão correndo próximos um ao outro e percebem que continuam no mesmo ritmo por muitos e muitos quilômetros. Esse é um bom sinal de que podem formar uma boa parceria, afinal, estão seguindo na mesma direção e velocidade, além de estarem na mesma maratona.

O que vemos frequentemente ao observar um par de namorados que acabam frustrados é que eles se cruzaram em algum momento, mas, sem observar cuidadosamente se estavam seguindo o mesmo ritmo e direção, em pouco tempo notaram inúmeras incompatibilidades na relação. Quando falamos de ritmo, isso diz respeito à intensidade de busca pela presença

Primeiramente, entenda seu propósito e depois, ao conhecer alguém, verifique se realmente faz sentido correrem juntos.

de Deus, empenho em crescer profissionalmente, engajamento nos estudos e desenvolvimento emocional, e assim por diante.

Quanto à direção, podemos considerar, por exemplo, um casal em que ele entendeu que seu propósito era trazer o Reino de Deus para o mercado financeiro, assim trabalharia em uma empresa nesse setor e seria responsável pelo sustento de seu lar. Ela, por sua vez, discerniu em Deus que atuaria na área da comunicação por um tempo e, ao ter filhos, se dedicaria ao lar e ao cuidado dos pequenos até certa idade. Ambos têm clareza do que querem e concordam quanto aos planos futuros; os dois têm a mesma expectativa quanto ao lugar em que irão morar, ao estilo de vida e tudo mais. Concorda que, por mais que eles não tenham a mesma vocação, combinam ou correm na mesma direção?

Foi mais ou menos assim conosco...

> Logo na primeira conversa que tive com a Suellen, fui muito franco e fiz questão de esclarecer os planos que tinha, afinal, estava convicto do que o Senhor queria para minha vida ao longo dos próximos anos e precisava saber se realmente fazia sentido estar junto a ela. A Suellen morava em Videira e eu em Jaraguá do Sul, ambas cidades de Santa Catarina; era bem importante termos em vista o alinhamento de onde iríamos morar depois de casados. Então, falando com ela, foi decidido que viveríamos em Jaraguá do Sul, onde estamos até hoje.
>
> Mas acontece que ela cantava com sua mãe em algumas agendas, tinham até gravado um CD.

Sendo assim, fiquei um tanto apreensivo e perguntei se ela estava de fato confiante quanto à futura mudança de endereço e se isso não prejudicaria os propósitos que Deus havia reservado. Foi quando ela olhou nos meus olhos e disse com segurança que o Senhor já havia falado que o ministério com a mãe era algo reservado apenas a um período e logo ela deveria seguir em frente, em uma nova jornada. Ela entendia que em breve passaria por um novo processo de lapidação, fora da casa dos seus pais, e constituiria uma nova família.

Assim as coisas foram se encaixando e entendemos que havia um propósito para estarmos juntos e era principalmente o de formar nossa família. Além do mais, eu havia sido chamado para pregar e cantar em ministério itinerante e a Suellen também cantava. A princípio, cantávamos juntos apenas por diversão, mas depois entendemos que o Senhor nos chamava para seguirmos juntos um ministério itinerante, pregando a Palavra e louvando o nosso Deus. Essa união tornou-se tão forte que hoje somos conhecidos como Jefferson e Suellen, não de forma separada, o que é bastante significativo para nós.

Nós entendemos que, para o relacionamento fluir bem, os propósitos individuais de cada um precisam se encaixar de algum modo. Isso não significa que ambos devem possuir exatamente os mesmos dons, sonhos e aspirações, mas é necessário que estejam dispostos a encorajar o outro a ir em busca da realização dos propósitos divinos em sua vida. O respeito mútuo e um compromisso genuíno em ajudar o outro fazem com que a união seja fortalecida.

Existem situações óbvias entre dois cristãos que revelam incompatibilidade, como quando uma missionária, que tem o chamado de viajar pelo mundo, pensa em se casar com um rapaz chamado para ser pastor de uma igreja local, por exemplo. É certo que essa união será difícil de sustentar. Apesar de ambos estarem comprometidos em servir ao Senhor, o exercício de cada vocação os leva a caminhos bem diferentes, um estará firmado em um local, o outro viajando mundo afora, são trajetórias divergentes.

Ao mesmo tempo, existem detalhes menos perceptíveis a serem levados em conta, pois pequenas escolhas do cotidiano também exercem influência sobre o nosso propósito. Podemos considerar, por exemplo, alguém que ama servir à igreja local, está sempre envolvido e empreendendo tempo nas atividades ministeriais e passa a relacionar-se romanticamente com alguém que prefere dedicar seus fins de semana a conhecer restaurantes, fazer passeios culturais, etc. Inicialmente, essa diferença pode parecer irrelevante, porém, com o tempo, as rotinas de ambos tenderão a se desencontrar, e isso gerará conflitos e insatisfação.

Claro que, dependendo da relevância de cada situação, é possível conciliar e alinhar as expectativas; mas é muito mais fácil e fluido quando escolhemos estar com alguém efetivamente mais compatível conosco. Você entende, portanto, como é vital estar atento e observar com cuidado o comportamento da pessoa com quem pretende estabelecer um compromisso?

SOS DO AMOR

É comum, quando nos apaixonamos por alguém, termos uma maior disposição em ceder aos desejos do outro, afinal, estamos emocionalmente envolvidos e queremos que a relação dê certo. Portanto, é justamente nesse momento que devemos ter muito cuidado e refletir racionalmente se não estamos abrindo mão de algo importante, de propósitos que o Senhor já havia revelado a nós, apenas para persistir em uma relação que não têm muita chance de ser bem-sucedida.

Lembre-se de que, conforme a paixão inicial se dissipa, torna-se mais difícil mascarar certos comportamentos e renunciar preferências pessoais. Por isso, é imprescindível conversar com sinceridade, dialogando sobre expectativas, sonhos e ambições de vida. Sua atenção não deve se limitar apenas à atração física, interesses em comum e ao sentimento que possuem um pelo outro. Ore e analise profundamente a situação, tendo em vista uma verdadeira compatibilidade que se manterá a longo prazo.

A comunicação aberta e honesta desempenha um papel fundamental na construção de um relacionamento saudável. Se um casal deseja compartilhar a vida, é necessário que estejam alinhados entre si: "Duas pessoas andarão juntas se não estiverem de acordo?" (Amós 3.3). Esse acordo vai muito além de aparências ou interesses passageiros, demanda um diálogo sincero, pelo qual ambos entenderão se será possível encontrar maneiras de conciliar seus projetos pessoais e construir um plano para o futuro segundo a vontade de Deus.

Os destinos de cada indivíduo podem se manifestar de maneiras variadas: abrir uma empresa, dedicar-se integralmente ao ministério, especializar-se em determinada área do conhecimento, e assim por diante. Independentemente de quais forem os objetivos de cada membro de um casal, a questão principal

É comum, quando nos apaixonamos por alguém, termos uma maior disposição em ceder aos desejos do outro (...), é justamente nesse momento que devemos ter muito cuidado e refletir racionalmente se não estamos abrindo mão de algo importante.

é a seguinte: eles divergem ou se complementam? Não é necessário que sejam idênticos em todos os aspectos, uma vez que cada pessoa é única. O essencial é que, em um relacionamento, haja harmonia na maneira como esses propósitos pessoais se conectam. E sabe como buscá-la? Comece dialogando.

A MISSÃO DO CASAL

Sendo cristãos, entendemos que não estamos nesta Terra à toa, mas temos uma missão a cumprir, que é trazer o Reino de Deus e anunciar o Evangelho. Tendo isso em vista, o casamento é algo poderoso no qual unimos nosso propósito pessoal com o de nosso cônjuge, formando uma aliança em serviço ao Reino Celestial.

Infelizmente, muitos não veem dessa forma, desejando se casar (ou só namorar) apenas porque buscam em seres humanos as soluções para suas próprias dúvidas e inseguranças, querendo preencher suas lacunas. Porém, é preciso compreender que só o Senhor pode suprir os anseios profundos da nossa alma. Assim, dois indivíduos devem firmar uma união para progredir juntos em direção ao destino que Deus terá para eles como casal, não somente para satisfazerem seus desejos.

O Senhor nos ama e nos criou com um propósito único. Essa mesma verdade se aplicará ao nosso casamento: cada casal possui uma identidade e uma missão específica dentro do Reino de Deus. Portanto, achegue-se ao Pai em oração, buscando pelo entendimento de sua vontade e cumprindo as orientações que ele nos dá por meio da Palavra e do seu Santo Espírito. Ao longo da caminhada, você será capacitado por ele! Isso vale tanto para sua busca por descobrir seu propósito individual quanto para o casal que precisa entender os próximos passos de sua jornada.

PROPÓSITO • A vontade de Deus para o nosso futuro

Trata-se, na verdade, de uma busca contínua, pois o Senhor nos guia dia após dia a viver seus propósitos. Com certeza precisamos ter uma boa noção de para onde estamos indo antes de iniciar um relacionamento, como já comentamos; no entanto, os detalhes dessa jornada serão descortinados pelo Pai enquanto ouvimos e obedecemos a sua voz. Fazer isso como casal é uma grande aventura, por meio da qual podemos desfrutar de novos níveis de fé e ousadia, crescendo em um relacionamento íntimo com Deus. Quando possuímos um casamento alinhado com os planos divinos, ele é fortalecido a cada dia, o que nos leva a experimentar alegria e satisfação inigualáveis.

> Cada casal possui uma identidade e uma missão específica dentro do Reino de Deus.

Portanto, permaneça nessa busca, pois é certo que o Senhor reserva grandes planos para cada um de nós, não só individualmente, mas também quando escolhemos estabelecer uma aliança com outra pessoa. Seja corajoso e confie que ele estará no controle de sua vida e de seu futuro casamento.

Lembre-se de que estabelecer uma missão como casal exige tempo, bastante conversa e autoconhecimento, envolve um processo contínuo de se entender e se ajustar. Importa que ambos estejam abertos a discernir juntos os próximos passos que Deus lhes desafiará a seguir. Considerando tudo isso, ressaltamos que a escolha de um parceiro é uma das decisões mais importantes que tomamos na vida, pois ela impacta o nosso futuro e trajetória. Nesse sentido, é muito recompensador **investir energia** para encontrar alguém que compartilhe dos mesmos valores e objetivos que você, com quem possa **construir uma vida cheia da presença do Senhor**.

Talvez você conheça a parábola de Jesus sobre o homem prudente, que construiu sua casa sobre a rocha, e o insensato, que a fez em cima da areia (cf. Mateus 7.24-27). Ambos tiveram de **despender bastante energia** para erguer uma construção, mas apenas um deles teve um bom retorno: quem edificou a casa sobre a rocha. Imagine, portanto, a frustração do segundo homem, ao ver que **dedicou seu tempo e esforço** em algo que desmoronou após uma tempestade. É mais ou menos isso que acontece quando alguém inicia uma relação e não a firma na Rocha Eterna, que é Jesus; logo tem de lidar com as dolorosas consequências disso.

Por outro lado, quem constrói um relacionamento conforme os princípios da Palavra de Deus, debaixo da direção do Espírito Santo e edificado em Cristo, está se dedicando a uma construção forte, que não será abalada facilmente.

Sendo assim, quando se encontra uma pessoa especial, é preciso cuidar do relacionamento de forma consciente, nutrindo o amor, o respeito, a paciência e a compreensão. Uma união com propósito requer esforço mútuo, mas os resultados obtidos com certeza compensarão o trabalho. Não apenas o casal será beneficiado, mas você também será fortalecido individualmente, por obter em casa uma fonte de incentivo, apoio e carinho. Além disso, alcançar metas conjuntas proporciona uma gratificação incrível.

Um relacionamento com propósito promove conexão profunda, valores alinhados, apoio mútuo e inspiração. É uma base sólida para construir uma vida significativa e satisfatória. Por isso, vale a pena buscá-lo e cultivá-lo, criando um ambiente onde ambos os parceiros possam crescer e prosperar em direção a um objetivo comum!

Capítulo 3
O PROPÓSITO DO RELACIONAMENTO

Aprendendo a esperar em Deus

Ao tratarmos sobre a dimensão de um relacionamento amoroso, não podemos deixar de ressaltar um de seus principais propósitos: a construção de uma nova família. Portanto, um namoro não é um escape para a carência ou algo que virá para nos garantir algum *status*; trata-se de uma relação importante, a qual demanda responsabilidade, atenção e tem um objetivo claro, que é o casamento, algo sublime que o próprio Deus projetou.

Quando criou Adão, Deus revelou ao homem a importância de uma companheira: "Então o Senhor Deus declarou: '**Não é bom que o homem esteja só; farei para ele** alguém que o auxilie e lhe corresponda'" (Gênesis 2.18 – grifo dos autores). Em seguida, "Deus os abençoou, e lhes disse: '**Sejam férteis e multipliquem-se**! Encham e subjuguem a terra!'" (Gênesis 1.28a – grifo dos autores). Portanto, desde o início da criação do mundo, a existência da família era um desejo do Senhor; ele mesmo proveu a companheira do homem e estabeleceu o que eles deveriam desenvolver enquanto família.

É incrível o poder de uma família unida, que se ajuda mutuamente. Faz toda a diferença ter pessoas dentro do nosso lar que nos impulsionam a alcançar os sonhos que Deus colocou em nosso coração. Por isso, é tão fundamental estarmos atentos à escolha de nosso par. Nós, Jefferson e Suellen, podemos testificar como é gratificante estar com alguém que traz leveza ao nosso dia a dia ao mesmo tempo em que nos fortalece e encoraja. Permanecendo juntos sob a bênção de Deus, adquirimos força e ânimo para continuar servindo e ministrando às pessoas por todo o país e cumprindo a obra divina que vai muito além daquilo que podemos mensurar.

> **Um namoro não é um escape para a carência ou algo que virá para nos garantir algum status.**

Tanto é verdade que o Senhor ama a família e se alegra com a geração de novas vidas que encontramos diversos relatos, ao longo do Antigo Testamento, de como Deus faz com que mulheres estéreis deem à luz filhos. Além de representarem prosperidade, eles são, biblicamente, considerados como uma grande bênção, pois permitem a continuidade de um legado geracional e é fonte de cuidado para os pais em sua velhice: "**Os filhos são herança do Senhor, uma recompensa** que ele dá" (Salmos 127.3 – grifo dos autores).

Infelizmente, a mentalidade a respeito da concepção de filhos e do casamento alterou-se drasticamente desde os tempos bíblicos, e muitos passaram a ignorar a relevância da família dentro de uma sociedade. Em vários países de grandes economias, observa-se o envelhecimento da população devido à escassez de crianças e jovens, pois, hoje em dia, é comum que os indivíduos priorizem sua vida profissional e financeira, alegando não ter tempo ou disposição para construir e administrar uma família.

Porém, a perspectiva de Deus é diferente, e ele deseja transformar e impactar gerações através de lares saudáveis. Quando carregamos os valores do Reino e os transmitimos aos nossos filhos e netos, iniciamos um legado que se estenderá para além de nossa vida aqui na Terra, capaz de restaurar e libertar culturas, tradições e mentalidades que foram escravizadas pelo pecado. Aliás, essa foi uma ordem divina dada ao povo de Israel: "Que todas estas palavras que hoje lhe ordeno estejam em seu coração. **Ensine-as com persistência a seus filhos**" (Deuteronômio 6.6,7a – grifo dos autores). Famílias são, portanto, um dos meios missionários mais poderosos utilizados pelo Senhor para expandir o seu Reino e alcançar os perdidos.

SUPERANDO TRAUMAS

Apesar disso, traumas ou experiências negativas dentro de nossa casa, com pais, avós, tios, ou até mesmo casos de amigos que passam dificuldades em seus lares, podem gerar grandes feridas que nos fazem desanimar em relação ao casamento e à criação de filhos. Crianças que cresceram em meio a brigas, gritarias e violência, ao se tornarem adultas, adquirem a tendência de não desejarem para si uma família, evitando possíveis frustrações futuras.

Entretanto, como cristãos, é importante carregarmos o entendimento de que o Senhor quer quebrar padrões familiares nocivos, trazendo cura e reconciliação. Se até a nossa geração houve divórcio, lacuna paterna e violência, a partir de nós virão gerações restauradas, que vivem para a glória do Grande Eu Sou. Cabe a nós assumirmos o posicionamento de colocar nossa esperança em Deus e deixá-lo agir através de nós, curar nossas feridas e nos capacitar a agir com sabedoria.

Além do mais, não podemos permitir que as decepções e inseguranças nos impeçam de assumir compromissos, devido ao medo de lidar com as responsabilidades e com a vulnerabilidade de um relacionamento. Comprometer-se é uma oportunidade de crescer, aprender, amar e se tornar uma versão melhor de si mesmo, já que, como filhos de Deus, estamos constantemente experimentando do seu abundante amor, sendo restaurados e aperfeiçoados dia após dia. Então, isso deve transbordar através de nós ao nos envolvermos amorosamente com alguém, a fim de edificarmos um espaço familiar seguro e íntimo para nos desenvolvermos emocional e espiritualmente.

Como filhos de Deus, estamos constantemente experimentando do seu abundante amor.

Aceitar o desafio de construir um compromisso sólido e uma família estruturada com valores cristãos é uma excelente maneira de aplicar os mandamentos de Cristo na prática. Conviver constantemente com um grupo de pessoas ajuda a moldar o nosso caráter e é uma oportunidade diária de se permitir ser usado pelo Espírito Santo. Teremos a oportunidade de expressar o seu fruto, que é amor, alegria, paz, paciência, amabilidade, bondade, fidelidade, mansidão e domínio próprio (cf. Gálatas 5.22,23), e à medida que fazemos isso, tornamo-nos cada vez mais parecidos com Jesus dentro e fora de nosso lar.

Convivendo em família, aprendemos sobre respeito, perdão, compaixão, solidariedade e amor incondicional. Temos também acesso a um lugar de apoio mútuo, no qual cada um realiza o seu papel para edificar o lar, estudamos a Palavra de Deus em parceria, oramos uns pelos outros e desfrutamos de momentos de alegria, consolo, carinho e comunhão. Você consegue notar certas semelhanças desse cenário com o ambiente de uma igreja? Não é à toa que fomos chamados para viver como corpo (cf. Romanos 12.4,5), pois todos os cristãos formam uma grande família, na qual os irmãos devem estar sempre dispostos a servir uns aos outros como Cristo nos ensina através das Escrituras.

Portanto, um lar bem-estruturado sob o senhorio de Deus nos habilita a lidar com as diferenças, resolver conflitos, construir vínculos duradouros e é capaz de preparar cristãos a proporcionar cura e libertação para gerações através da pregação do Evangelho. Por isso, sinta-se encorajado e empolgado para cultivar relacionamentos sinceros, construir uma família que carrega o caráter de Jesus e fortalecer laços de amor e união através do agir do Espírito Santo, pois eles serão um meio de concretizar os propósitos de Deus para sua vida!

CUMPRIR UM PROPÓSITO REQUER SACRIFÍCIO

Para alcançarmos aquilo que o Senhor designou para nossa vida, precisamos aprender a importância da renúncia.

Na busca constante em satisfazer seus próprios desejos, os seres humanos tendem a evitar atividades que envolvam sacrifício pessoal. Mas o verdadeiro amor, semelhante ao que Jesus revelou ao entregar sua vida para que obtivéssemos a salvação, exige estarmos dispostos a renunciar nossos anseios em prol do outro. Temos acesso à presença do Pai, e isso nos foi concedido de graça, a partir do momento em que aceitamos a Cristo como nosso Senhor e Salvador.

Para alcançarmos aquilo que o Senhor designou para nossa vida, precisamos aprender a importância da renúncia.

Entretanto, o preço pago pelo Filho de Deus para que fôssemos justificados foi muitíssimo alto! Nosso Senhor entregou-se por inteiro e, como seus discípulos, devemos fazer o mesmo.

Imagine uma situação em que um pai de família adquiriu um carro, decidiu realizar o pagamento através de parcelas e está trabalhando muito para quitar essa dívida. Certo dia, ele se depara com seu filho arranhando a tinta do novo veículo. É provável que a criança seja repreendida, pois isso gerará um grande desapontamento no pai, já que, além de concluir o pagamento das parcelas, ele ainda terá de se sacrificar mais ainda para arcar com os custos da pintura. Esse exemplo nos ajuda a entender que costumamos atribuir um alto valor ao que foi conquistado com dificuldade. Por outro lado, tendemos a não valorizar aquilo que recebemos sem esforço, como aconteceu com Esaú ao trocar o seu precioso direito de primogenitura por um prato de comida:

Respondeu-lhe Jacó: "Venda-me primeiro o seu direito de filho mais velho". Disse Esaú: "Estou quase morrendo. De que me vale esse direito?". Jacó, porém, insistiu: "Jure primeiro". Então ele fez um juramento, vendendo o seu direito de filho mais velho a Jacó. (Gênesis 25.31-33).

Os privilégios de filho mais velho garantiam uma porção dobrada da herança paterna, além de representarem um título de autoridade no contexto da época. Esaú não havia se esforçado para adquiri-los, pois já nascera com aquela garantia, e acabou por negligenciá-los de maneira tola e imprudente. Devemos, então, aprender com esse caso e exercer com sabedoria a nossa identidade de filhos de Deus, apesar de não a termos recebido por mérito ou esforço próprio.

Apesar disso, é curioso como, mesmo recebendo a salvação gratuitamente, seguir ao Senhor nos custa bastante: requer total dedicação e entrega da nossa parte. Cristo tomou sobre si o castigo que nos era destinado, por isso podemos nos achegar a Deus e não sofremos a punição que merecemos. Aproximar-se do Pai é um presente, mas isso exigirá de nós uma renúncia constante em relação à nossa natureza pecaminosa.

No mundo em que estamos inseridos, no entanto, há uma grande negligência do compromisso sacrificial. Por mais absurdo que pareça, muitos jovens adultos preferem cuidar de plantas ou animais de estimação a educar filhos, pois temem a responsabilidade que isso requer. Cuidar de uma criança implica também um desenvolvimento pessoal, por meio de um processo que demanda paciência, dedicação, tempo e flexibilidade. Portanto, seremos confrontados, e em diversos momentos nossos defeitos virão à tona e o cansaço nos tirará da zona de conforto. Essa é uma maneira bem eficaz de aprendermos com profundidade o significado de se sacrificar por alguém.

Ao reconhecermos tudo o que Jesus já fez por nós, como nos amou e nos resgatou, somos inspirados a amarmos uns aos outros e nos entregarmos em sacrifício vivo. Esse caminho exige renúncia, ao passo que traz plenitude, realização e nos permite experimentar do melhor de Deus em nossa vida. Para um casal, o verdadeiro amor se baseia no compromisso mútuo, no qual ambos estão dispostos a se sacrificar e fazer escolhas que fortaleçam o relacionamento, e isso intensificará a conexão deles e de sua futura família.

Caminhando dentro da vontade de Deus, separamo-nos da vaidade e do egoísmo para abraçarmos nosso futuro ao lado de Jesus, e essa é uma troca maravilhosa! Portanto, não tenha medo de abandonar velhos hábitos e não perca tempo preso a suas inseguranças. Quando olharmos para trás, no futuro, ficaremos maravilhados ao observar o legado que deixamos e as experiências que a fé em Cristo nos proporcionou!

ESPERAR É FUNDAMENTAL

Capacitados pelo poder sobrenatural de Deus, conseguiremos estabelecer um relacionamento com propósito. Mas antes de atingirmos a fase do matrimônio, é essencial compreendermos o verdadeiro significado do momento de espera. Essa pode parecer uma tarefa tediosa e nos dá a sensação de que não estamos progredindo, gerando muitas vezes inquietação e desconforto. Porém, ao contrário do senso comum, aguardar com uma perspectiva correta é o oposto de se manter passivo ou inerte.

Ao reconhecermos tudo o que Jesus já fez por nós, como nos amou e nos resgatou, somos inspirados a amarmos uns aos outros e nos entregarmos em sacrifício vivo.

SOS DO AMOR

Se você não possui filhos e está solteiro, é de esperar que não precise arcar com as demandas de um casamento nem com a administração de uma família. Por isso, essa fase garante a você algo precioso: disponibilidade de tempo, que deve ser usado com sabedoria! A solteirice é um período de crescimento pessoal e desenvolvimento espiritual, no qual temos a oportunidade de intensificarmos a nossa intimidade com Deus, buscarmos autoconhecimento e focarmos em um amadurecimento pessoal a fim de estarmos preparados para o casamento.

Quando se desperdiça essa fase da vida preocupando-se excessivamente com o futuro, perde-se a chance de aproveitá-lo para alcançar metas pessoais e evoluir como indivíduo. Portanto, não deixe a espera lhe causar ansiedade, levando-o a cair na armadilha de iniciar um relacionamento precocemente. Em vez disso, desfrute desse tempo para aprender a confiar mais no Senhor, discernindo como ele deseja usar essa estação para aperfeiçoar o seu caráter e prepará-lo para o seu futuro marido ou esposa. E enquanto aguarda, não negligencie outros campos importantes da vida, como relacionamentos familiares, amizades, carreira e o serviço a Deus. Não use a solteirice como desculpa para se manter estagnado, mas como uma forma de alcançar crescimento e plenitude na vida.

> **Não deixe a espera lhe causar ansiedade, levando-o a cair na armadilha de iniciar um relacionamento precocemente.**

Durante esse processo, pode ser que sejamos desencorajados em alguns momentos, mas persevere na convicção de que o Pai possui o melhor reservado para você no tempo

O PROPÓSITO DO RELACIONAMENTO • Aprendendo a esperar em Deus

determinado, pois ele é o maior interessado em fazê-lo experimentar a plenitude dos planos divinos. Não se esqueça de que você está sendo capacitado para se tornar um parceiro responsável e comprometido quando o momento certo chegar, então busque com intensidade a presença de Deus e fortaleça sua identidade através das verdades presentes na Palavra.

Todo móvel que precisa ser montado vem acompanhado de um manual de instruções, repleto de explicações detalhadas. Da mesma forma, a Bíblia funciona como uma espécie de **manual da vida**, com ensinamentos que nos explicam como devemos nos portar diante de toda e qualquer situação. Seguir suas preciosas especificações é fundamental para nos mantermos firmes, não só nesse tempo de espera como também ao longo das diversas fases que a sucederão.

Muitas vezes, ouvimos que o casamento é uma tradição fadada ao fracasso, pois, atualmente, vemos muitos relacionamentos terminarem em divórcios. Entretanto, sabemos que o Criador não cometeu equívocos ao instituir o matrimônio como um meio poderoso para realizar os seus desígnios. Muitas das separações que ocorrem na atualidade são ocasionadas por indivíduos que não souberam aguardar o tempo e a pessoa certa, não se prepararam devidamente antes de se envolverem com alguém nem buscaram primeiramente firmar sua identidade em Cristo.

Felizmente, temos acesso à Palavra de Deus, capaz de nos encorajar e fortalecer a nossa fé. No livro de Jeremias, lemos: "'Porque **sou eu que conheço** os planos que tenho para vocês', diz o Senhor, '**planos de fazê-los prosperar e não de lhes causar dano, planos de dar-lhes esperança e um futuro**'" (Jeremias 29.11 – grifos dos autores). Por isso, saiba que o Senhor é soberano e proverá tudo o que você precisar em cada estação de sua vida. Ele sabe do anseio que temos em dividir a caminhada com alguém e constituir uma família que resplandeça seu Reino, pois conhece os desejos do seu coração.

Apegue-se à sabedoria divina expressa na Bíblia e a tenha como norte em sua jornada, para tomar as decisões corretas, aprender a discernir o momento propício para se relacionar com alguém e não ser levado pelos enganos deste mundo. Além disso, aproveite o tempo disponível para aprimorar sua vida de oração, participar de pequenos grupos de devocional, envolver-se em sua igreja local, tornar-se voluntário em projetos sociais. Esse será um período favorável para crescer no conhecimento de quem Jesus é, dedicando-se inteiramente à sua intimidade com ele, então não desperdice a fase da espera, pois ela tem um propósito!

Lembro-me muito bem do período em que estava solteira, antes de conhecer o Jefferson. Naquela época, eu foquei em ouvir ministrações que abordavam a temática, a fim de entender melhor sobre o assunto a partir da perspectiva de líderes exemplares. Também procurava caminhar com pessoas que entendiam do assunto e as ouvia atentamente para adquirir sabedoria com a experiência delas e me preparar para ser uma esposa sábia. Eu queria muito aprender!

Sempre desejei e busquei ser uma mulher exemplar aos olhos de Deus, por isso a ideia de me sentar ao lado de casais experientes e ouvir sobre as situações que passavam, com seus altos e baixos percorridos em longos relacionamentos, fascinava-me. Nessa jornada de aprendizado, compreendi também a necessidade de ler e estudar a Palavra profundamente, buscando entender os pensamentos do Senhor sobre família. Então, anote esta dica: **se você sonha com o casamento, corra atrás de conhecimento a fim de se preparar para ele.**

A responsabilidade de escolher alguém para constituir uma família é enorme, por essa razão investir tempo preparando-se para essa missão é de extrema importância. Estar solteiro pode muitas vezes ser solitário, mas é necessário desenvolvermos apreço pela nossa própria companhia, o que possibilitará o aprimoramento da nossa personalidade, a formação de gostos pessoais e o aperfeiçoamento de talentos e *hobbies*. Assim, alcançaremos autenticidade e amadurecimento da nossa mentalidade, garantindo uma visão mais clara do que desejamos para o futuro. E essas qualidades são primordiais quando precisarmos decidir se uma pessoa é compatível conosco.

Essa preparação também envolve o desenvolvimento de habilidades práticas que serão úteis no seu futuro relacionamento e na formação de uma família. Será o momento de se dedicar aos estudos, ao trabalho, aos cuidados com a casa e à atenção à saúde física e mental, fatores indispensáveis para a edificação de um casamento sadio e para a educação de filhos. Antes de buscar a pessoa ideal, é importante investir tempo para adquirir as qualidades que você procura em alguém.

SOS DO AMOR

Usufrua dessa fase para firmar seus fundamentos e estabelecer uma das bases mais essenciais da caminhada cristã: "Busquem, pois, em primeiro lugar o Reino de Deus e a sua justiça, e todas essas coisas lhes serão acrescentadas" (Mateus 6.33). Quando o seu coração estiver centrado na busca pelas coisas do Senhor, ele se encarregará de cuidar de sua vida amorosa, bem como de todas as outras áreas de sua vida.

> *Antes de buscar a pessoa ideal, é importante investir tempo para adquirir as qualidades que você procura em alguém.*

Encare essa espera de forma positiva, como uma parte essencial de sua jornada na procura de um parceiro, e deposite confiança em Deus durante cada passo desse percurso. Ele quer usar você e a sua futura família para espalhar a mensagem do Evangelho pelo mundo, trazendo esperança aos corações abatidos. Cumprir essa missão é um grande privilégio do qual somos encarregados, portanto a espera com certeza será recompensadora. Persevere, pois a melhor parte ainda está por vir!

A seguir, disponibilizaremos um teste para que você entenda com maior clareza se está verdadeiramente pronto para um relacionamento. Seja sincero com você mesmo, responda com "sim" ou "não" às perguntas a seguir e tire um tempo para refletir em quais áreas você ainda precisa de aprimoramento. Se a maioria de suas respostas for **positiva**, saberá que é **tempo de esperar**.

1 A opinião alheia costuma influenciar a sua identidade, gerando insegurança e medo da rejeição?

( ) SIM   ( ) NÃO

O PROPÓSITO DO RELACIONAMENTO • Aprendendo a esperar em Deus

2 Você toma decisões movido por sentimentos de carência ou solidão?

( ) SIM   ( ) NÃO

3 Você possui um conhecimento raso a respeito da forma como Deus o enxerga e raramente se dedica à leitura da Bíblia?

( ) SIM   ( ) NÃO

4 Você está confuso com relação ao propósito para o qual foi chamado?

( ) SIM   ( ) NÃO

5 Você ainda depende totalmente dos seus pais em termos financeiros?

( ) SIM   ( ) NÃO

6 Você possui dificuldade para lidar com frustrações e gerenciar suas emoções?

( ) SIM   ( ) NÃO

7 Seus traumas afetam a forma como se relaciona com as pessoas à sua volta e impedem que você estabeleça certos objetivos por medo da decepção?

( ) SIM   ( ) NÃO

8 Estar sozinho gera desconforto e angústia em você?

( ) SIM   ( ) NÃO

SOS DO AMOR

9 Você tem a tendência de idealizar pessoas e se apaixonar facilmente?

( ) SIM   ( ) NÃO

10 Você não sabe muito bem com que tipo de pessoa quer se relacionar, mas deseja apenas sair do *status* de solteiro?

( ) SIM   ( ) NÃO

Capítulo 4

EXPECTATIVAS

Como escolher bem

Imagine uma jovem donzela em perigo, que, ao ser resgatada por um príncipe encantado, apaixona-se por ele. O rapaz, por sua vez, também percebe ter encontrado o amor de sua vida e ambos decidem casar-se, vivendo felizes para sempre. Essa história soa familiar?

Em nossa busca pelo parceiro ideal, pode acontecer de esperarmos por algo parecido, fantasiando com um namoro semelhante aos exibidos nos clássicos filmes de Hollywood e em séries de TV, nos quais o casal sempre alcança o famoso "final feliz". Isso pode nos levar a idealizar pessoas e relacionamentos que não correspondem com o que de fato ocorre na realidade: dois indivíduos que possuem diversos defeitos, mas se esforçam para resolver seus conflitos a fim de construírem uma relação saudável e agradarem o coração de Deus.

Ao mesmo tempo, há a chance de o "final feliz" não chegar a acontecer, pois é normal — e saudável — que um par de namorados interrompa sua relação ao perceber que ela já não é promissora. Portanto, é importante que você aprenda a equilibrar suas expectativas, sabendo exatamente como avaliar alguém que talvez venha a ser a pessoa com quem irá se casar.

Não há nada de errado em ter preferências e buscar por elas em um parceiro, porém precisamos entender primeiramente que a resposta certa vem de Deus: "Muitos são os planos no coração do homem, **mas o que prevalece é o propósito do Senhor**" (Provérbios 19.21 – grifo dos autores). Ele criou cada um de nós, e por isso sabe exatamente o que será essencial em nossa jornada. Portanto, exponha os seus desejos em oração e permaneça sensível à voz do Espírito Santo: "Entregue o seu caminho ao Senhor; confie nele, e ele agirá" (Salmos 37.5).

Certa vez, namorei uma moça e acreditava que ela poderia ser a minha futura esposa, pois nossos valores pareciam ser compatíveis quando conversávamos e a nossa relação funcionava aparentemente bem. Em uma noite, porém, Deus falou comigo através de um sonho, no qual eu estava em cima de uma bicicleta e tentava pedalar, mas ela não se movia, pois a jovem com quem me relacionava na época estava sentada na garupa. No dia seguinte, contei a ela o ocorrido, mas fui convencido de que era uma armadilha de Satanás para prejudicar o nosso relacionamento.

Algumas semanas se passaram até que tive outro sonho. Nele, eu estava recém-casado e me vi angustiado sentado sozinho na sala da *minha casa. De repente, meu pai surgiu no sonho, remetendo-me à figura de Deus Pai, e disse: "Eu avisei". Naquela segunda vez, não compartilhei o sonho com ela, mas pedi ao Senhor uma confirmação indicando se de fato era para romper a relação.*

Dias depois, participamos de um evento no qual a presença manifesta de Deus era palpável. As pessoas estavam entregues em adoração, intensamente quebrantadas, e eu chorava ao sentir o mover do Espírito Santo naquele lugar. Porém a moça com quem eu namorava permanecia alheia àquele ambiente, insensível e distante. Ver aquela cena foi a confirmação da qual eu precisava e decidi terminar o relacionamento.

Conforme o tempo passa, é muito provável que sejamos pressionados pelas pessoas ao nosso redor (e até por nossos próprios anseios) a encontrar um parceiro. Às vezes, podemos sentir a necessidade de estar com alguém apenas porque os nossos amigos estão namorando ou porque saturamos nossa mente com histórias de amor fictícias. Isso pode nos levar a aceitar qualquer tipo de relacionamento a fim de suprir nossas carências, e tal motivação provavelmente nos levará a fazer escolhas imprudentes.

Quando, por exemplo, estamos com muita fome e vamos ao mercado, há uma enorme chance de nos deixarmos ser guiados pelo apetite no momento de escolher o que comprar, de modo que gastamos uma quantia maior do que a planejada

SOS DO AMOR

com um volume exagerado de alimentos. Porém, se decidirmos fazer essa mesma atividade estando já bem alimentados e satisfeitos, as chances de tomarmos decisões mais sábias e economizarmos dinheiro no fim da compra serão bem maiores.

Da mesma maneira, se nos permitirmos ser movidos pela carência ou paixões momentâneas em nossa vida amorosa, correremos um grande risco de agirmos de forma desajuizada. Para impedir que isso aconteça, é importante estarmos emocional e espiritualmente satisfeitos em Deus, sendo supridos pelo seu amor e com as relações saudáveis que ele mesmo nos provê, seja através de nossa família natural, espiritual, seja através de boas amizades.

Lembre-se de que, na hora certa, ele também proverá um bom par romântico. A propósito, a forma mais eficaz de nos pouparmos de grandes decepções é depositando nossas expectativas no Senhor. Dessa forma, estaremos desapegados das pressões sociais e livres para confiarmos em sua direção sobrenatural, pois sempre podemos esperar dele o melhor!

Não precisamos tentar espiritualizar todas as situações, correndo atrás de profecias que nos revelem quem será o nosso "par ideal", porém é certo que Deus deseja se envolver em todas as áreas de nossa vida, então não devemos ignorar os seus sinais. Haverá momentos em que a sua voz não se manifestará em sonhos, mas por meio de pessoas com quem caminhamos, como pais, amigos, líderes ou pastores, ou simplesmente falará ao nosso coração, portanto aprenda a identificar sua voz e não hesite em obedecer-lhe. E se quiser uma dica preciosa, observe a seguinte: o Senhor não dirá **nada** que contradiga os princípios deixados em sua Palavra, estude-a dia e noite com o auxílio do Espírito Santo e estará pronto para discernir a voz de Deus!

Se nos permitirmos ser movidos pela carência ou paixões momentâneas em nossa vida amorosa, correremos um grande risco de agirmos de forma desajuizada.

OBSERVANDO OS DEFEITOS

Com a nossa confiança firmada no Pai, o próximo passo nesse processo de escolha é levarmos em conta o valor que temos. É claro que nenhum ser humano é perfeito – incluindo você –, mas é importante sempre termos em mente a nossa identidade e trazermos à memória o quanto somos amados pelo Senhor. Não deseje um relacionamento em que não haja nenhum tipo de conflito; não espere alguém que concorde com você em todos os aspectos, considere caminhar com um parceiro que reconheça o seu valor e não se contente em iniciar ou mesmo permanecer em uma relação na qual você não seja tratado de maneira digna, uma vez que é filho de Deus.

Então, esteja atento aos "sinais vermelhos" quando estiver observando o comportamento e as atitudes de alguém, quando estiver conhecendo ou já estiver namorando. Esses sinais representam indícios de imaturidade emocional e espiritual e podem revelar que investir em determinado relacionamento talvez não seja uma boa ideia.

No senso comum, a fase romântica e apaixonante da relação concentra-se no período em que duas pessoas estão começando a se conhecer. Nesse momento, podem estar distraídos com a idealização e emoções intensas de um primeiro contato, encantados com a possibilidade de viverem um verdadeiro romance. Porém, ao passarem pelo namoro, noivado e atingirem o casamento, é como se fossem transportados de volta à vida real, já que a convivência diária dá destaque aos defeitos de cada um, evidenciando incompatibilidades, bem como problemas de temperamento, desfazendo expectativas projetadas.

EXPECTATIVAS • Como escolher bem

Para evitar que esse se torne o seu caso, anote este importante conselho: não espere que o casamento o leve à realidade, mas traga-a para dentro do namoro. Reserve a intimidade física para depois do casamento e, enquanto se relaciona com alguém, busquem conhecer profundamente a personalidade, os gostos e as manias um do outro, descobrindo imperfeições e atitudes a serem ajustadas. Resolvam os conflitos mais complicados no período de namoro para que não tenham de lidar com eles após o casamento, e assim a fase do matrimônio será muito mais prazerosa!

Aproveite o relacionamento para encontrar um equilíbrio entre suas expectativas e a realidade, comunicando claramente o que espera do outro, e preste atenção a certos detalhes que podem indicar desvio de caráter ou desacordo de valores. Verifique se a pessoa teve envolvimentos anteriores e como eles terminaram, por meio de um diálogo honesto, identifique possíveis questões do passado que ainda necessitam ser trabalhadas. Assim, você será capaz de decidir se conseguirá tolerar os problemas de seu companheiro ou se há a possibilidade de eles serem solucionados. Além disso, perceba se ele possui as qualidades que você admira e que serão fundamentais na construção de uma vida juntos.

> **Não espere que o casamento o leve à realidade, mas traga-a para dentro do namoro.**

Todos somos diferentes, e aprender a lidar com essas singularidades faz parte do desafio de se relacionar com alguém. Nós dois podemos afirmar isso com base em nossa própria experiência, pois namorávamos à distância, morávamos a trezentos e cinquenta quilômetros de distância um do outro e nos encontrávamos apenas uma vez por mês. Superar essa situação foi uma tarefa difícil, principalmente quando precisávamos enfrentar conflitos, brigas e desentendimentos a fim de buscarmos um alinhamento como casal. Com a ajuda de Deus e após muitas conversas, entendemos que seria necessário mudar certos tipos de comportamento.

Hoje, eu e a Suellen somos bem-resolvidos, mas isso só foi possível porque decidimos dar atenção aos nossos defeitos enquanto nos relacionávamos. Após algum tempo de convivência, identificamos certas imperfeições um no outro que necessitavam de correção.

Ela possuía um temperamento forte e, em vez de expressar o que estava sentindo por meio do diálogo, fazia birra e se mantinha calada. Por outro lado, eu me considerava sempre cheio de razão, era perfeccionista e queria que as situações ocorressem exatamente de acordo com o planejado, o que me levava a assumir uma postura inflexível em algumas ocasiões.

Então, procuramos, por meio de uma comunicação aberta e sincera, resolver esses problemas de maneira construtiva, dispostos a fazer ajustes e adaptações que melhorassem a nossa vivência como casal, e assim aprimoramos a nossa forma de tratar um ao outro com mais carinho e compreensão. Como Deus nos convida a avançar e amadurecer, unimo-nos para crescermos juntos, e até hoje nos policiamos para não regredirmos.

EXPECTATIVAS • Como escolher bem

É dessa maneira que evitamos desgastes, pois nos mantemos firmados no fato de que decidimos ser o melhor que pudermos, aperfeiçoando nossas atitudes e caráter diariamente, e é isso que garante durabilidade para o nosso casamento. Atualmente, já nos tornamos bem diferentes, conseguimos alcançar uma versão melhor de nós mesmos porque decidimos focar em solucionar problemas desde o início.

Existem alguns "sinais vermelhos" que são mais óbvios do que outros, e é válido que você os considere quando estiver analisando o perfil de alguém por quem se interessa. Por exemplo, uma mulher que se valoriza e anseia por ser uma boa esposa não costuma utilizar o seu corpo para chamar a atenção dos rapazes, oferecendo-se facilmente a qualquer um ou se expondo de modo exagerado nas redes sociais. Em vez disso, ela demonstra ser alguém preciosa a ser encontrada (cf. Provérbios 31.10), apresentando modéstia ao se vestir e se portar diante dos outros.

Se uma moça confere vulgaridade à sua aparência física, há grandes chances de que ainda necessite desenvolver estabilidade emocional, identidade firmada em Cristo, integridade e interesse constante em buscar a presença de Deus. Caso seja sábia e inteligente, não desejará alguém que se interesse apenas pela sua aparência e biotipo corporal. Lembre-se: a estética de alguém pode ser ajeitada ao longo do tempo, mas personalidades problemáticas são mais difíceis de serem tratadas e até de se identificar, pois são camufladas por fatores externos. Portanto, observe bem como uma jovem se relaciona com seu pai, irmãos e amigos.

SOS DO AMOR

Da mesma forma, repare em como um homem trata sua mãe e honra os pais. Procure também por alguém que seja devoto ao Senhor, generoso, firmado em princípios sólidos, tenha um perfil trabalhador e responsável. Em seu leito de morte, este foi o primeiro conselho que Davi ofereceu ao seu filho Salomão: "Estou para seguir o caminho de toda a terra. Por isso, seja forte e **seja homem**" (1 Reis 2.2 – grifo dos autores). Um rapaz que busca se parecer com Jesus deve possuir hombridade, sendo diligente perante os desafios, sem demonstrar omissão, como fez Adão ao ser questionado pelo Senhor sobre seu pecado: "Disse o homem: 'Foi a mulher que me deste por companheira que me deu do fruto da árvore, e eu comi'" (Gênesis 3.12). Ele não deve se isentar da culpa, mas assumir com coragem as suas responsabilidades.

> **Um rapaz que busca se parecer com Jesus deve possuir hombridade, sendo diligente perante os desafios.**

Caso demonstre interesse por diversas mulheres ao mesmo tempo, goste de fotos provocativas de moças em trajes de banho nas redes sociais, é bem provável que não tenha maturidade para se comprometer e talvez não apresente fidelidade ao envolver-se amorosamente com alguém. Não se iluda: um rapaz pode ser tão charmoso e bonito quanto um ator de cinema, mas se não possuir um comportamento que agrade ao Senhor, não conseguirá construir um relacionamento que esteja de acordo com os propósitos divinos.

Por fim, após avaliar bem as qualidades e os defeitos de uma pessoa, chegará o momento de tomar uma decisão: seguir em frente ou parar, baseando-se sobretudo na direção do Espírito Santo. Talvez você crie grandes expectativas ao se apaixonar

EXPECTATIVAS • Como escolher bem

por alguém, mas depois de conviverem durante algum tempo, perceberá que essa pessoa não é exatamente o que esperava. Quando isso acontecer, entenda que é tempo de utilizar a razão para discernir quais são os próximos passos que você deve tomar.

SEJA RACIONAL

O nosso coração é enganoso (cf. Jeremias 17.9), e embora as emoções sejam importantes em relacionamentos, é bastante perigoso sermos guiados somente por elas, principalmente tratando-se do âmbito amoroso. Movidas por sentimentos, as pessoas podem adquirir a tendência de negar e esconder a realidade desde o namoro, e o acúmulo de questões não resolvidas acabará "explodindo" no casamento. Logo, é importante ser racional para enxergar o que o coração tem dificuldade em ver.

Você se lembra do episódio em que os discípulos se encontravam em meio à tempestade, dentro de um barco navegando pela madrugada? Depararam-se com a presença de Jesus, que andava sobre as águas, mas não foram capazes de reconhecê-lo: "Quando o viram andando sobre o mar, ficaram aterrorizados e disseram: 'É um fantasma!' E gritaram de medo" (Mateus 14.26). Esse exemplo nos ajuda a entender que a nossa percepção pode não identificar corretamente o que está acontecendo de fato, pois os olhos naturais são falhos e têm potencial de influenciar nossas atitudes da maneira errada.

Por isso, é fundamental não se deixar levar pela emoção somente; por mais que um olhar realista possa causar decepções e frustrantes quebras de expectativa, ele se faz essencial. Através da sabedoria divina e tendo como base os ensinamentos bíblicos, aprenda a agir racionalmente e, se necessário, ignore sentimentos por um instante para que não

Se perceber que o relacionamento enfrenta problemas impossíveis de lidar, que comprometem o futuro de vocês como casal, terminar a relação talvez seja a melhor alternativa.

insista em uma relação prejudicial. Conte sempre com a liderança do Espírito Santo para fazê-lo enxergar e discernir aquilo que a percepção natural não distingue.

Se perceber que o relacionamento enfrenta problemas impossíveis de lidar, que comprometem o futuro de vocês como casal, terminar a relação talvez seja a melhor alternativa. É claro que términos não são fáceis e costumam ser bastante dolorosos, mas é melhor sofrer agora e sorrir depois do que ignorar os problemas presentes para enfrentar desafios maiores no futuro. A verdade é que prevenir é melhor do que remediar, escolha a cautela em vez do arrependimento.

Certa vez, estávamos na igreja e um rapaz nos abordou com algumas moças para tirar fotos conosco. Em seguida, sua noiva se aproximou e disse: "Você está tirando fotos com outras meninas e não me chamou?". Eu e o Jefferson, inseridos naquele cenário, percebemos que havia uma tensão entre os dois e imaginávamos que aquela situação poderia acarretar uma discussão. O Jefferson, brincando com o jovem, comentou: "Você arranjou um problema, tenha cuidado porque ela pode terminar a relação", mas ele não parecia preocupado.

A moça, entretanto, respondeu: "O quê? Terminar? Não farei isso, pois estamos noivos e o casamento está todo pago". Aquele comentário não me pareceu correto, pois o fato de ter a festa de casamento paga não é suficiente para assumir um compromisso que deve durar a vida inteira. Então resolvi aconselhá-la, dizendo que é justamente por estarem noivos, e não casados, que seria possível terminarem caso não encontrassem solução para os conflitos do relacionamento. Ela, porém, pareceu um tanto inconformada com minhas palavras e permaneceu com o pensamento de que tomar uma decisão daquele tipo seria uma atitude absurda, um grande desperdício de dinheiro. Esse caso ficou marcado em nossas memórias.

Infelizmente, essa pode ser a mentalidade de muitos casais, que deixam de fazer escolhas certas por estarem preocupados com o esforço que fizeram para planejar uma festa de casamento, talvez já tenham custeado a despesa com alguns fornecedores, comprado apartamento ou, de repente, se encontram em relação de dependência emocional com aquela pessoa. Outro ponto é se preocuparem com a opinião dos familiares, que podem se chatear com o rompimento da relação. Todos esses fatores não justificam a permanência em um relacionamento que carrega grandes chances de dar errado.

Lembre-se de que não devemos nos deixar ser pressionados pela opinião alheia, mesmo que isso envolva os nossos pais, irmãos e amigos mais próximos. Seja cuidadoso e aja com sabedoria, não seja guiado por suas emoções, em vez disso utilize a razão e busque ouvir a voz de Deus! Caso não tenha certeza de que deve assumir um compromisso sério com alguém por meio do casamento, espere e não tenha medo de terminar uma relação se isso for necessário.

Em nossas redes sociais, temos o costume de compartilhar "caixinhas de perguntas", que chamamos de **SOS do amor**, por meio das quais os seguidores podem interagir conosco e tirar suas dúvidas a respeito de questões amorosas. Certa vez, recebemos o seguinte comentário: "Eu e meu noivo já estávamos com o apartamento comprado e todo mobiliado, porém terminamos". Em vez de dizer que estava triste pelo ocorrido, algo que muitos pensariam em responder, comentamos: "Parabéns! Ainda bem que vocês perceberam que bens materiais não possuem o mesmo valor que o resto de suas vidas".

Um noivado rompido pode gerar muitas decepções e até prejuízos financeiros, mas a dor ocasionada por um casamento infeliz seria imensuravelmente maior. Tenha em mente que o matrimônio é uma relação que se estenderá para a vida inteira, e, como cristãos, não devemos enxergar o divórcio como uma alternativa aprovável. Por isso, é de extrema importância que você escolha muito bem o seu futuro cônjuge, já que isso influenciará todo o seu futuro.

Quando eu e o Jefferson estávamos a pouco tempo da cerimônia de casamento, a qual tínhamos nos esforçado bastante para custear, ele me surpreendeu com o seguinte comentário: "Nós é que estamos prestes a nos casar, não são os nossos pais, familiares ou amigos. O papel deles é participar da festa, aproveitar e ir embora, enquanto nós passaremos o resto de nossa vida ao lado um do outro, dormindo juntos e convivendo no dia a dia. Quando o momento chegar, se você sentir que essa não é a decisão certa, pode mudar de ideia. Podemos repensar, conversar, realinhar nossos planos e, se for preciso, pagaremos tudo outra vez.

Caso você não tenha paz em se tornar minha esposa, momentânea ou definitivamente, não há problema em dizer 'não' para mim no altar".

Essa postura me impressionou e passei a refletir sobre isso até o dia do casamento. No instante em que o meu carro estacionou na frente do local em que a cerimônia ocorreria, ouvi a música que escolhemos tocar ao longe e comecei a chorar, emocionada por perceber que a presença de Deus era palpável naquele lugar. Então, fui tomada pela convicção de que diria "sim", pois sabia que o Senhor abençoava a nossa união. As pessoas que estavam no casamento também foram impactadas pelo agir sobrenatural do Espírito Santo e utilizamos aquele momento para adorar a Deus e receber seu amor. Todos fomos inundados por uma sensação de paz e alegria; no fim do dia, eu e Jefferson sabíamos que tínhamos feito a escolha certa.

Lidar com as decisões que envolvem um relacionamento pode parecer uma tarefa complicada, mas tenha a certeza de que o Senhor está no controle de sua vida e guiará você no caminho que deve seguir. Guarde o seu coração (cf. Provérbios 4.23), apresente os seus pedidos ao Pai, ajuste suas expectativas e entenda que todos os seres humanos são falhos e será preciso encarar certos conflitos para o estabelecimento de um compromisso saudável. Crie o hábito de trazer à memória os conselhos e aprendizados bíblicos e carregue sempre a convicção de que você é amado e valoroso para Deus!

Capítulo 5
CONSELHOS PRÁTICOS

Dicas para relacionamentos de sucesso

Se você deseja construir relacionamentos sólidos e biblicamente embasados, existem alguns princípios que o nortearão no desenvolvimento de sua vida amorosa. Como diz o ditado, "sábio é aquele que aprende com os erros dos outros". Assim, estar disposto a ouvir conselhos de pessoas mais experientes é um sinal de maturidade e esperteza. Neste capítulo, compartilharemos conselhos valiosos para os jovens — rapazes e moças —, visando não apenas a melhora pessoal, mas também a formação de relacionamentos saudáveis e edificantes.

Faremos o seguinte: Jefferson falará aos rapazes, e Suellen, às moças.

Sábio é aquele
que aprende com os
erros dos outros.

CONSELHOS PRÁTICOS • Dicas para relacionamentos de sucesso

CONSELHOS DO JEFFERSON AOS RAPAZES

1. Seja homem!

Em primeiro lugar, gostaria de lembrá-lo de um conselho precioso de Davi a Salomão:

[...] "Seja forte e seja homem". (1 Reis 2.2)

Esta orientação é bem pertinente para os dias de hoje, pois infelizmente tenho notado uma escassez de hombridade nos rapazes. Muitos apresentam uma postura de meninos mimados, incapazes de aceitar um "não"; carecem de maturidade financeira, emocional e espiritual. Ao invés de se proporem a enfrentar os desafios da vida, relutam em acordar cedo, trabalhar, esforçar-se por uma conquista. Estão estagnados na sombra dos pais, usufruindo do que lhes oferecem e acomodados em suas realidades.

Quem apresenta uma mentalidade deste tipo não sabe viver compromissos sólidos ou assumir a responsabilidade de ser o sacerdote do lar, de entregar-se por sua mulher como Cristo se entregou pela Igreja. Ser um homem de verdade significa ser alguém que se posiciona sempre que necessário e encara a batalha de cada dia. Ser homem é ter ambição, sonhar, fazer planos ousados e trabalhar para construir um futuro extraordinário. Ser homem é recusar-se a aceitar a mediocridade e buscar sempre a superação.

2. Desenvolva o hábito de orar

Sei que pode parecer clichê, mas a verdade é que a vida de oração é o maior segredo para se tornar um verdadeiro homem. Esse hábito é fundamental para desempenhar o papel de cabeça do lar, afinal orar é cultivar um relacionamento com Deus, e ele lhe dará toda a orientação necessária para que você cuide de sua família com excelência. Buscando a direção do Senhor, você se tornará cada vez mais semelhante a ele, que é o Cabeça da Igreja e nossa maior referência de Sacerdote.

Além de desenvolver constância na prática da oração, é necessário pôr em prática toda direção que Deus lhe dá. E vale ressaltar que é impossível receber alguma orientação divina enquanto se distrai com jogos ou outras atividades em vez de priorizar a oração. Portanto, dedique um tempo especial para buscar a presença do Senhor, derramar lágrimas aos pés dele e receber direcionamento para cada momento da sua vida.

3. Honre seus pais

A honra aos pais é um princípio fundamental para todo homem. Devemos reconhecer tudo o que nossos pais fizeram por nós. Hoje, como pai, percebo o quanto investimos em nossos filhos: tempo, recursos financeiros e tudo mais que envolve a criação de um herdeiro.

CONSELHOS PRÁTICOS • Dicas para relacionamentos de sucesso

Ao olhar para trás, tenho um apreço ainda maior do que antes pelo sacrifício e pela dedicação dos meus pais para comigo. Ser um homem comprometido com Deus implica respeitar e honrar nosso pai e mãe, pois devemos zelar por eles, reconhecer seu valor e tudo o que fizeram por nós.

4. Seja humilde para ouvir os mais velhos

Confesso que, em certo momento da minha vida, eu caí na armadilha de achar que sabia toda a verdade. Muitos jovens enfrentam dificuldades para ouvir os mais experientes, como pais, líderes espirituais, pastores e até mesmo os avós. No entanto, é fundamental entender que devemos abrir os ouvidos para aqueles que já trilharam o caminho que pretendemos percorrer.

Acredite, a capacidade de ouvi-los é uma dádiva, e não foi à toa que Deus nos deu dois ouvidos e uma boca: precisamos falar menos e ouvir mais. Entretanto, é comum seguirmos o caminho inverso; queremos sempre ensinar, mostrar que sabemos tudo e quão sagazes somos. Mas aqui está o conselho que deixo a todos os jovens e adolescentes: aprendam a ouvir os mais velhos, aqueles que já passaram pelas mesmas situações que vocês estão passando ou por algo parecido. Sentem-se e estejam dispostos a escutar. Nunca se sabe demais, nunca se sabe tudo. Sempre há algo a aprender e sempre há espaço para melhorar.

5. Fuja da pornografia e da masturbação

O vício em práticas lascivas pode destruir sua vida, seu casamento e todo o cumprimento dos propósitos que Deus tem para você. Desse tipo de coisa devemos fugir sem olhar para trás! Quando se trata de vídeos pornográficos, por exemplo, não caia no engano de "dar uma olhadinha para ver como é", apenas se afaste de toda e qualquer possibilidade de ver vídeos desse tipo, mesmo que precise colocar algum bloqueio em seus aparelhos eletrônicos.

Um dos grandes problemas gerados pelo consumo de pornografia é o fato de que isso pode se tornar uma fuga da realidade, uma forma de escapismo. E o pior é que aqueles que assistem tais coisas geralmente começam a ver as pessoas com quem se relacionam como meros objetos, que servem apenas para satisfazer seus desejos carnais. Não bastasse isso, a pornografia está totalmente conectada à masturbação, uma maneira desonrosa de obter prazeres sexuais de maneira autocentrada.

Também devemos **fugir** da masturbação. Quando entramos na puberdade e adolescência, muitas vezes somos incentivados por colegas e amigos a fazer isso, enquanto o mundo nos bombardeia com apelos sexuais em filmes, propagandas e redes sociais. Crianças e adolescentes são expostos precocemente a conteúdo deste tipo, muitas vezes sem orientação

CONSELHOS PRÁTICOS • Dicas para relacionamentos de sucesso

alguma sobre as responsabilidades e consequências das práticas sexuais. Lembre-se de que o prazer sexual é uma bênção reservada ao casamento, a ser desfrutado entre um homem e uma mulher compromissados em aliança. Outros tipos de práticas são abomináveis e devemos fugir delas!

6. Seja um homem de palavra

Costumo dizer que a palavra não faz curva. Em tudo o que faço, busco ser um homem em quem se possa confiar. Se dou a minha palavra, as pessoas sabem que aquilo será feito, pois acredito que a palavra de um servo de Deus deve ter mais valor do que qualquer contrato assinado e registrado em cartório. É gratificante perceber como as pessoas que me conhecem já sabem que podem contar com minha palavra, policio-me sempre para manter esta postura e recomendo fortemente que você faça o mesmo.

7. Seja leal e fiel

A lealdade é uma característica que deve permear todas as áreas da vida: a sua relação com Deus, com as pessoas ao seu redor, com seu cônjuge, sua família, bem como com o propósito que o Senhor lhe confiou. Seja aquele homem com quem se pode contar, o cara "ponta firme" no trabalho; que sequer desperta desconfiança alguma na namorada

SOS DO AMOR

ou na esposa, mas está sempre disposto a ajudá-la; aquele a quem os pais sabem que podem recorrer quando precisarem de algum suporte. Mesmo quando ninguém estiver vendo, mantenha-se leal às pessoas que o cercam e fiel aos princípios de Deus expressos em sua Palavra.

8. Trabalhe com dedicação e tenha objetivos claros

A verdade é que ninguém admira pessoas "encostadas", que dependem dos outros, não gostam de trabalhar e preferem sempre o caminho mais fácil a enfrentar algum desafio. Porém, na Bíblia, encontramos um exemplo de homem trabalhador: Jacó. Ele precisou servir durante quatorze anos para casar-se com Raquel, por quem era apaixonado. Por mais que Labão, seu sogro, o tenha enganado, fazendo com que se casasse com sua filha mais velha antes de obter a mão de Raquel (cf. Gênesis 29.16-30), Jacó mostrou-se um exemplo de homem trabalhador.

Aprenda com Jacó e seja esforçado, levante-se cedo e lute pelos seus objetivos. Seja alguém que conquista, mesmo que esse processo seja longo; jamais espere que as coisas caiam do céu. Mesmo que seus pais lhe proporcionem condições favoráveis, não se acomode, destaque-se pelo esforço, dedicação e determinação em suas atitudes diárias.

CONSELHOS PRÁTICOS • Dicas para relacionamentos de sucesso

9. Cuide da sua aparência

Sim, aparência também importa. Muitos rapazes não gostam de se cuidar, mas saiba que manter o cabelo bem cortado e arrumado, por exemplo, faz a diferença. Desde que comecei a me relacionar com a Suellen, ela me ajudou a perceber a importância de manter alguns cuidados com minha aparência, e acredite: mulheres sabem admirar um homem bem-ajeitado.

Contudo, ainda mais importante do que obter o olhar de uma moça, cuide-se por reconhecer que Deus o formou e você é imagem e semelhança do seu Pai. Hoje, olho para trás e penso que poderia ter me atentado a esse aspecto antes, escolhendo roupas que combinassem melhor comigo, um corte de cabelo adequado e óculos que valorizassem meu rosto. Pequenos ajustes na imagem que comunicamos podem ter um efeito significativo em nossa postura, afinal, um homem firmado em sua identidade, confiante e seguro certamente irá transmitir maior confiabilidade onde quer que esteja.

Se necessário, faça pequenos sacrifícios, como deixar de comprar algo supérfluo para investir na melhoria de sua imagem. Aprimorar seu estilo pessoal, alinhar os dentes, cuidar do sorriso, estar cheiroso... tudo isso faz diferença. Não deixe de praticar atividades físicas e manter uma alimentação saudável, pois estas são formas de cuidar do corpo e, consequentemente, da mente. Esta é uma combinação que traz resultados extraordinários.

10. Reconheça quando errar

Um verdadeiro homem tem a humildade de reconhecer seus erros, pedir perdão e voltar atrás quando não age corretamente. Há homens que não sabem lidar com suas falhas, acabam se afastando das pessoas, ficam amargurados e acumulam problemas por não terem a honestidade de admitir que erraram. Não tenha medo de voltar atrás e pedir desculpas aos seus pais, amigos, líderes e quebrantar-se diante de Deus. Reconheça seus erros e aprenda com eles, lembrando que este é um sinal de maturidade e bom caráter.

CONSELHOS DA SUELLEN PARA AS MOÇAS

1. Cuidado com a pornografia e a masturbação

Antigamente, essas questões eram direcionadas e discutidas exclusivamente com o público masculino, contudo têm se tornado cada vez mais recorrentes os casos de mulheres que caem em desacerto. Portanto, é fundamental ressaltar que tudo o que Jefferson mencionou sobre esse assunto também se aplica às moças (caso tenha pulado a leitura de conselhos aos rapazes, vá até o quinto item e leia-o).

2. Vida de oração

Como mulheres sábias, que desejam edificar seus lares, precisamos ter um relacionamento

CONSELHOS PRÁTICOS • Dicas para relacionamentos de sucesso

com Cristo, uma vida de constante oração (cf. 1 Tessalonicenses 5.17). É desse modo que obtemos discernimento e sabedoria para construir relacionamentos saudáveis e abençoados. Nem sempre é fácil manter a constância na prática da oração, mas, conscientes disso, precisamos manter uma firme decisão de estar na presença de Deus, sem permitir que as demandas do dia a dia nos afastem dele.

Às vezes, podemos simplesmente nos colocar diante do Senhor, fechar a porta do quarto e dizer: "Deus, estou aqui. Não sei o que dizer hoje, não tenho palavras, mas reservei este tempo para estar contigo". Meu conselho para você é que cultive uma vida de oração, por mais desafiador que isso seja em sua rotina, pois, com a ajuda de Deus, tudo é possível!

3. Ser feminina, e não feminista

Eu sei que essa afirmação pode gerar controvérsias, mas basta estudar a Bíblia e a corrente feminista para perceber a divergência abismal que há entre uma coisa e outra. À luz das Escrituras, percebemos que os fundamentos do feminismo não se alinham aos valores e princípios que o Senhor nos ensinou. A mulher que compreende sua identidade em Deus sabe que seus direitos estão assegurados em Cristo, ela não precisa aderir a uma ideologia que tenta fazê-la acreditar em uma identidade diferente daquela conferida pela Palavra de Deus.

4. Cuidado com os padrões estéticos

Você foi formada de modo único e maravilhoso! Portanto, não se preocupe em se amoldar aos padrões estéticos que estão na moda, até porque eles logo serão substituídos. As indústrias costumam vender a ideia de que você precisa ter o nariz, os olhos, os cabelos de determinado modo, e assim lucram absurdamente enquanto as pessoas que aderem a todas as tendências tornam-se cada vez mais parecidas, com sua unicidade camuflada.

Nós, porém, entendemos que fomos criadas por Deus, e ele não falha:

> Eu te louvo porque me fizeste de modo especial e admirável.
> Tuas obras são maravilhosas!
> Digo isso com convicção. (Salmos 139.14)

Cuide de si mesma e arrume-se com excelência, evidenciando a beleza que o Pai lhe concedeu, mas não tente se parecer com a blogueira ou cantora que está em evidência no momento. Saiba que você é única e carrega uma formosura sem igual!

5. Ore e esteja atenta

Frequentemente, escuto jovens mulheres me dizerem que oram pedindo por um parceiro segundo o coração de Deus, um homem que teme ao Senhor, seja trabalhador e cheio

CONSELHOS PRÁTICOS • Dicas para relacionamentos de sucesso

do Espírito Santo. Contudo, vejo essas mesmas moças se envolverem com pessoas que não atendem aos requisitos de suas orações.

Em momentos de desespero, muitas se contentam com homens que não respondem aos critérios básicos de alguém apropriado, apenas para preencher o vazio em seu coração. Por outro lado, há aquelas que criam expectativas tão altas e perfeccionistas, que dificilmente abrem o coração para conhecer um rapaz, por mais que ele tenha potencial para ser um bom par.

Portanto, saiba que a resposta de suas orações pode não vir como um príncipe encantado em cima de um cavalo branco, mas ele também não virá como um sapo! Esteja de olhos abertos, busque discernimento e dê uma chance a quem realmente a mereça.

6. Escolha bem suas amizades

Há um ditado popular que diz: "diga-me com quem andas e te direi quem és" e não há como negar a influência que as pessoas com quem convivemos têm sobre nós. Então tome cuidado com as amizades que você escolhe, verifique se quem está ao seu redor realmente acrescenta algo bom à sua vida ou se deve repensar certas companhias. Suas amizades devem edificar, fortalecer e contribuir para o seu crescimento pessoal. Busque estar ao lado de pessoas maduras, que tenham experiências e conhecimentos para compartilhar e aprenda com elas. Há outras a

SOS DO AMOR

quem você poderá ajudar, mas é importante colocar cada um no lugar certo em sua vida.

7. Vista-se com consciência

Sua forma de se vestir diz muito sobre você, externando sua personalidade, seu estilo de vida e até seus valores. Trata-se de uma forma de comunicação não verbal, que transmite alguma mensagem: seja elegância, desleixo, criatividade, delicadeza, brutalidade, e assim por diante; portanto é fundamental atentar a esse ponto. Talvez você tenha muita dificuldade nessa área, então, se possível, procure ajuda profissional ou simplesmente acompanhe conteúdos de estilo nas redes sociais, isso pode ajudar muito. Mas a melhor dica é esta: antes de sair de casa, olhe-se no espelho e pergunte ao Espírito Santo se ele aprova seu "*look* do dia" ou se precisa mudar alguma coisa.

Vista-se com modéstia e pudor, evitando transmitir a ideia de vulgaridade, pois certamente isso não tem nada a ver com sua verdadeira identidade em Cristo. Tenha esse cuidado em todo e qualquer ambiente que frequentar, não apenas na igreja; lembre-se de que você é uma joia preciosa a ser encontrada (cf. Provérbios 31.10)!

8. Não seja oferecida, seja interessante

Um dos principais conselhos que gostaria de compartilhar é o seguinte: não se ofereça, você deve ser encontrada, como acabei de

CONSELHOS PRÁTICOS • Dicas para relacionamentos de sucesso

mencionar no tópico anterior. Isso não significa que se deva cair em extremos e viver escondida em casa, andar apenas com outras moças e sequer falar com rapazes! É importante encontrar um equilíbrio, no qual você se mostre uma pessoa acessível, amigável e interessante.

Em particular, busque ser uma mulher virtuosa, moldada pelo Espírito Santo, busque ao Senhor de todo seu coração. Quando estiver em público, lembre-se dos processos que viveu com Deus, das palavras que ele afirmou sobre você e, assim, valorize-se! Assim como um rubi é valioso e raro de encontrar, você precisa entender que não deve se oferecer, mas esperar confiantemente no Senhor e ser legal, gentil e amável com as pessoas.

9. Cuidado com as redes sociais

As fotos que você posta, o que você compartilha e como você se apresenta nas redes sociais refletem o que está em seu coração e mente. Sendo assim, é importante ter bom senso e cuidado com o conteúdo compartilhado. Se publica fotos com pouca roupa, por exemplo, com certeza não está se mostrando uma mulher modesta; se compartilha músicas indecentes, não se revela alguém com pudor, e assim por diante. A melhor coisa a fazer é perguntar ao Espírito Santo se ele se agrada com o que você está prestes a postar, se sim, então vá em frente.

SOS DO AMOR

10. Não seja fútil, busque conteúdo

Claro que ser uma mulher bem-cuidada e estilosa não é o mesmo que ser fútil, o problema é quando questões estéticas se tornam o seu maior foco; afinal, a beleza exterior é importante, mas não é tudo. É fundamental buscar conteúdo e desenvolver sua mente, investindo em boas leituras, aulas sobre os mais diversos temas e tudo que diz respeito ao desenvolvimento pessoal. Use o tempo que você tem em mãos com sabedoria, investindo-o de modo a estar cada vez mais bem informada e apta a conversar sobre diversos assuntos.

11. Aprenda com os erros dos outros

Não, você não precisa quebrar a cara para aprender algo. Olhe para o exemplo de outras pessoas, especialmente das mulheres de sua família e líderes, identifique os erros que elas cometeram (sem julgá-las, é claro) e decida fazer diferente. Ao ver as consequências que certas escolhas causaram na vida delas, opte por um caminho mais prudente e lembre que aprender com os erros dos outros é uma maneira valiosa de evitar caminhos dolorosos.

12. Entenda a submissão no casamento à luz da Bíblia

A submissão no casamento é um tema delicado, mas é importante compreendê-la corretamente. Quando a Bíblia diz que o homem e a

CONSELHOS PRÁTICOS • Dicas para relacionamentos de sucesso

> mulher se tornam uma só carne no casamento, significa que eles estão debaixo da mesma visão e do mesmo propósito. Cada um tem um papel a desempenhar: o homem, como cabeça, deve amar sua esposa e entregar-se por ela como Cristo amou e se entregou pela Igreja; cabe a mulher ser sábia e submeter-se ao marido (cf. Efésios 5.22-33).
>
> Submissão não é opressão, trata-se de entender o propósito divino para o casamento, de se unir em uma caminhada conjunta de amor e respeito, na qual ambos seguem a visão estabelecida por Deus para as suas vidas. Um casamento baseado nos princípios bíblicos tem todas as chances de ser bem-sucedido.

Por fim, queremos apenas afirmar que vocês são preciosos! Valorizem-se e compreendam a verdadeira identidade que têm em Cristo, saibam que Deus os ama e tem o melhor reservado a vocês. Esperamos que essa lista de conselhos possa ajudá-los a crescer, tomar decisões mais sábias e viver relacionamentos saudáveis; vigiem, orem e vivam debaixo da direção do Santo Espírito de Deus.

Vocês são filhos preciosos do Altíssimo, são amados e têm um propósito único neste mundo!

> **Desafio:** leia o livro de Provérbios em um mês; se for um mês de 31 dias, você lerá um capítulo por dia. Faça anotações, sublinhe o que lhe chamar atenção e, sobretudo, pratique o que tiver aprendido com a leitura.

Valorizem-se e compreendam a verdadeira identidade que têm em Cristo, saibam que Deus os ama e tem o melhor reservado a vocês.

Capítulo 6
NOSSA HISTÓRIA
Jefferson & Suellen

Depois de ler tudo o que temos compartilhado até aqui, talvez você esteja se perguntando: "Mas como será que o Jefferson e a Suellen se conheceram?". Chegou, então, o momento de descobrir todos os detalhes a respeito de nossa história, que, aliás, foi cheia de surpresas e reviravoltas.

Jamais seremos um casal perfeito e, na verdade, não queremos passar esse tipo de imagem, trazendo um padrão impossível de ser alcançado. Ao dividir a nossa jornada, desejamos disponibilizar aprendizados que o ajudarão a encarar a realidade de um relacionamento sério, apesar dos desentendimentos, conflitos e frustrações, ao mesmo tempo em que é repleto de momentos de paixão, alegria, carinho e companheirismo! Além disso, temos o intuito de prepará-lo para que evite escolhas erradas e sofrimentos profundos, estando atento à voz do Senhor em toda a sua caminhada.

SOS DO AMOR

Meus pais são casados há quase trinta anos. Minha mãe era estéril e, por muito tempo, orava para que fosse capaz de conceber um filho, até receber uma promessa de Deus de que ficaria grávida e sua criança viajaria o mundo pregando o Evangelho. Como prometido, eu nasci — o mais velho de seis irmãos! — e, desde quando eu era muito pequeno, minha família já notava em mim os dons relacionados às promessas que Deus havia feito à minha mãe. Comecei a cantar com meus dois anos de idade, e foi justamente ao me ver louvando, nessa época, que meu pai entregou a vida para Jesus.

Com cerca de três anos, fui batizado com o Espírito Santo e foi então que passei a pregar a Palavra na igreja. Quando eu estava com cinco, já viajava o país ministrando a mensagem do Evangelho, sendo até chamado de "pregador mirim".

Ao atingir a fase da adolescência, porém, passei a enfrentar problemas com envolvimentos amorosos. Naquele período, comportei-me como o filho pródigo da parábola de Jesus: o jovem tomou posse de sua herança, uma quantia da qual ele tinha o direito de obter, mas o fez antes do tempo, saindo da casa de seu pai e decidindo viver por conta própria. De forma semelhante, eu passei a agir como bem entendia, em vez de permanecer sob a direção do meu Pai, e a expressão disso foi iniciar minha vida amorosa precocemente, namorando antes de obter a maturidade suficiente, o que me gerou grandes feridas emocionais.

Mesmo assim, continuava frequentando a igreja e, aliás, percebo que essa é a realidade de muitos: adoram a Deus no domingo, mas não seguem os seus ensinamentos durante o resto da semana. Por isso, eu tenho o costume de sempre aconselhar as pessoas a focarem em estabelecer uma relação íntima com o Senhor antes de qualquer coisa. Aquela foi uma época conturbada para mim, mas, felizmente, tive um encontro impactante com Deus e pude ser restaurado, carregando a convicção de que deveria permanecer no meu ministério.

Enquanto isso, em meu lar, também tive de lidar com o relacionamento conturbado de meus pais, que estavam sempre discutindo, desrespeitavam-se e não faziam concessões um ao outro. Esses conflitos causavam um grande desgaste em nossa família, foi por isso que eu aprendi sobre a importância de mudarmos nossas atitudes e resolvermos problemas de temperamento quanto antes, pois essa atitude será essencial em um casamento.

Quando estava próximo de completar dezesseis anos, mudei-me para a casa de meus tios e permaneci morando ali até me casar. Eles mantinham um estilo de vida que me garantiu muitos aprendizados e amadurecimento, pois ambos são cristãos e exerciam um ministério direcionado a casais na época. Pude presenciar um cenário totalmente diferente do qual eu estava acostumado, fui muito edificado ao receber conselhos e observar a forma como tratavam um ao outro. A partir de então, segui desenvolvendo o meu relacionamento com o Senhor e dedicava-me à pregação da Palavra através do ministério itinerante.

Eu cresci em um lar cristão, com dois irmãos e sendo a única filha mulher; meus pais estão casados há mais de trinta anos e são pastores voluntários. Por isso, desde a minha infância estive inserida em um ambiente de igreja com a minha família, acompanhando o serviço realizado por eles. Minha mãe já sabia que o seu chamado envolvia servir ao Senhor através da música e cantava em dupla com uma amiga, com quem viajava e ministrava louvores.

Entretanto, a parceria se desfez, e ela não conseguia encontrar outra pessoa que pudesse acompanhá-la em seu ministério, até que o meu pai sugeriu: "Por que você não canta com a nossa filha?". Eu tinha cinco anos na época, e foi a partir desse momento que iniciei oficialmente a minha jornada na música. Minha mãe começou a me ensinar e incentivar, levou-me para cantar pela primeira vez na igreja, e não parei desde então. Eu e ela formamos uma dupla, gravamos um CD e passamos a viajar exercendo esse ministério juntas.

O PRIMEIRO CONTATO

Jefferson

A nossa trajetória se iniciou muito antes de nos encontrarmos pessoalmente. Tudo começou quando sonhei que estava de mãos dadas com uma moça, ministrando para milhares de jovens. Compartilhei o sonho com uma colega que, coincidentemente, era amiga da Suellen, apesar de eu ainda não saber disso na época. Descrevi como era a pessoa que estava ao meu lado no sonho e comentei que poderia tê-la visto em alguma postagem nas redes socais. Enquanto conversávamos, chegamos à conclusão de que a moça presente no sonho era a Suellen, e essa nossa amiga em comum decidiu nos colocar em contato.

Eu estava passando por uma fase difícil, quando recebi uma foto do Jefferson através de uma mensagem enviada por uma amiga, dizendo que ele era um pregador usado por Deus e recentemente sonhara comigo. Logo pensei: "Talvez isso seja um aviso importante

SOS DO AMOR

de algo que o Senhor deseja revelar a mim para me auxiliar". Então, entrei em contato com ele, apresentei-me e perguntei do que se tratava aquele sonho. Entretanto, ele apenas comentou que, ao sonhar, viu-me cantando em um culto e não aprofundou a conversa. Agradeci por ter compartilhado o sonho comigo, adicionei-o nas redes sociais e não entramos mais em contato por um tempo.

Cerca de três meses depois, fui convidado para ministrar em determinado evento, onde encontrei um colega que tocaria naquela ocasião. Ele notou que eu e Suellen éramos amigos nas redes sociais e perguntou se eu a conhecia. "Não pessoalmente", respondi, tendo em mente o sonho de meses atrás e o fato de que ela era muito bonita. Então, para minha surpresa, o rapaz revelou estar apaixonado pela Suellen, explicando que costumavam conversar de vez em quando, mas não sabia como expressar seus sentimentos. Para ajudá-lo, peguei o seu celular e mandei uma mensagem de declaração a ela, fazendo-me passar pelo meu amigo e convidando-a a orar por um possível namoro. Saí daquele evento sem saber qual fora a reação dela, mas acreditando que os dois iniciariam um relacionamento em breve.

NOSSA HISTÓRIA • Jefferson & Suellen

Quando recebi aquela mensagem do meu colega, fiquei muito surpresa, pois não existia interesse algum da minha parte em um relacionamento sentimental entre nós e eu não esperava que ele sentisse algo por mim. Trocávamos algumas mensagens uma vez ou outra, porém não considerava haver nada em nossa amizade que indicasse alguma chance de envolvimento amoroso. Respeitosamente, respondi que o sentimento não era recíproco e que continuaríamos sendo apenas amigos.

TÊTE-À-TÊTE PELA PRIMEIRA VEZ

Uma semana depois, eu e minha mãe comparecemos a um evento no qual iríamos ministrar, em uma pequena cidade chamada Herval D'Oeste, em Santa Catarina, próxima à cidade onde eu morava com a minha família. Na época, eu tinha dezessete anos, e aquele era o dia 15 de outubro de 2016. O evento duraria dois dias — sábado e domingo — e, apesar de nosso envolvimento na festividade, não sabíamos quem seriam os outros ministros convidados, até porque não havia nenhum cartaz de divulgação.

Logo no início do culto, sentei-me com a minha mãe antes de ministrarmos; de repente, vi o Jefferson entrar na igreja e levei um susto.

SOS DO AMOR

Não sabia explicar muito bem o que sentia naquele momento, mas estava com a respiração ofegante, e meu coração começou a acelerar como se eu estivesse passando mal. Segurei na mão da minha mãe e disse ansiosa: "Meu Deus, é o Jefferson, mãe!". Ela não entendeu o motivo da minha surpresa, e eu também não compreendia por que estava reagindo daquela forma, já que ele era apenas um amigo que me seguia nas redes sociais, com quem eu conversara somente uma vez e por quem nunca havia me interessado até aquele instante.

Então, ele entrou na igreja, dobrou o joelho e começou a orar, foi quando senti uma voz falar com clareza ao meu coração: "Ele é o seu futuro esposo". Fui tomada pelo nervosismo, comecei a suar frio e tentava convencer a mim mesma de que aquele sentimento não era uma revelação do Espírito Santo, e sim apenas um engano de minha mente. Apesar de parecer loucura, naquela noite tive a convicção de que casaria com o Jefferson.

Após a oração, ele se levantou e começou a cumprimentar as pessoas do local uma por uma, com um firme aperto de mão e um sorriso. Quando estendi o braço a fim de cumprimentá-lo, para minha surpresa, ele mal olhou em meu rosto, apenas encostou rapidamente sua mão na minha e se afastou educadamente. Aquela atitude me deixou muito intrigada, porque eu estava acostumada a lidar com o flerte exagerado de certos rapazes, e a falta de interesse que o Jefferson demonstrou por mim fez-me pensar que sua forma de me enxergar era diferente, demonstrando ser respeitoso e maduro.

Jefferson Quando reconheci a Suellen na igreja de Herval D'Oeste, senti um misto de sensações. Havia-se passado uma semana desde que eu escrevera aquela mensagem para ela tentando auxiliar o meu amigo em seu processo de conquista. Achava que ambos já estavam envolvidos um com o outro, e por isso me mantive distante ao cumprimentá-la. Porém, também estava um tanto arrependido, afinal me dei conta de que se eu não tivesse oferecido ajuda ao meu colega talvez ela estivesse disponível para que nos conhecêssemos melhor. De qualquer forma, não podia voltar atrás em minhas ações e decidi permanecer afastado dela.

No fim do primeiro dia do evento, fomos convidados para jantar na casa do pastor daquela igreja. Chegando lá, sentei-me perto da Suellen à mesa, e ela iniciou uma conversa, comentando que tínhamos uma amiga em comum. Diante disso, o pastor começou a fazer certas brincadeiras conosco, dizendo coisas como: "Pregador e cantora combinam, dá para formar um casal". Para evitar um mal-entendido, respondi: "Não, ela já está namorando uma pessoa, pastor".

Ao ouvir isso, a Suellen e os pais dela, que também estavam no jantar, olharam-me com uma expressão confusa e ela retrucou: "Eu estou solteira, Jefferson". Logo, compreendi que os sentimentos do meu colega não foram correspondidos e enviei uma mensagem a ele para verificar se aquilo estava certo. Ao receber a confirmação, meu anterior sentimento de arrependimento foi substituído por uma intensa felicidade.

Depois de descobrir que eu não estava comprometida, a atitude do Jefferson mudou. Ele ainda mostrava muito respeito para comigo, mas começou a rir mais, elogiou-me e se ofereceu parar servir a minha comida. O pastor que nos recebera em sua casa, percebendo a nossa conexão, continuava a dizer que formávamos um belo casal. A sua esposa também aprovava a combinação e, enquanto a ajudava a lavar a louça após o jantar, ela me perguntou se eu tinha gostado do Jefferson.

No dia seguinte, comparecemos ao segundo dia de evento, no qual também ministramos, e novamente fomos convidados pelos pastores da igreja para jantar na casa deles. Naquela noite, eu e o Jefferson interagimos bastante, e ele até pediu para tirar uma foto comigo. Quando estávamos indo embora, ele me levou até o carro e perguntou se poderia me enviar mensagens depois, para que pudéssemos continuar conversando. "Claro", respondi. E ele acrescentou: "Eu sei que o pessoal falou brincando que formamos um bom casal, mas o que você acha de sermos intencionais e orarmos sobre isso?".

O seu posicionamento firme e sincero me impressionou positivamente e concordei com a sua sugestão. Por isso, deixo aqui o meu conselho para os leitores homens: quando um rapaz não é claro em suas intenções ao demonstrar interesse, pode dificultar conversas e fazer com que sua possível pretendente se sinta confusa em como agir. Então, posicione-se com clareza.

RUMO AO ALTAR

Jefferson

Então eu e a Suellen passamos a conversar por mensagens, já que morávamos distantes um do outro. Nossos diálogos eram longos e sinceros, e através deles pude apresentar a ela minha história, expor minhas ambições e esclarecer o que esperava de nosso relacionamento com honestidade: desejava me casar, constituir uma família e queria que minha futura esposa me acompanhasse em meu ministério. Ela também expôs suas opiniões, compartilhou experiências do passado, e percebemos que estávamos alinhados quanto aos nossos anseios, bem como princípios e valores.

Sete dias de conversa se passaram até que chegamos ao ponto em que já tínhamos certeza do que desejávamos para o futuro e confiança de estarmos alinhados com a vontade de Deus. Por isso, no dia 23 de outubro de 2016, decidi pedi-la em namoro através do celular, declarando-me a ela e perguntando por fim: "Você quer caminhar rumo ao altar comigo?". Aceitamos o desafio de iniciar um relacionamento com o objetivo de nos casarmos e, no mês seguinte, quando a Suellen completaria dezoito anos — naquela época eu estava com vinte e dois anos de idade —, viajei até sua cidade para pedir a bênção de seus pais.

Suellen

Convidamos o Jefferson para ministrar em um culto de mulheres que ocorreria em nossa igreja, e ele foi até minha casa para conversar com a minha família e esclarecer suas intenções a meu respeito. Quando chegou, ele se sentou à mesa com meu pai e explicou a situação: "Pastor João, eu e a Suellen temos conversado bastante nos últimos dias, estamos orando sobre nosso envolvimento e demonstramos grande interesse um pelo outro. Então, quero pedir a sua bênção para o nosso relacionamento, pois desejo me casar com a sua filha". Para nossa surpresa, o meu pai levantou-se, apoiou as duas mãos sobre a cadeira e respondeu com os olhos em lágrimas: "Eu sinto a presença de Deus neste relacionamento". Em seguida, ele nos abençoou, e iniciamos o nosso namoro.

Jefferson

Começamos, então, a nos planejar para o casamento. Na época, a Suellen trabalhava meio período em uma joalheria e cantava nos fins de semana com a mãe. Eu me dedicava ao ministério itinerante, e por meio do nosso trabalho passamos a juntar dinheiro parar arcar com as despesas de uma cerimônia. Quitar todas as dívidas não foi uma tarefa fácil, pois os nossos pais não tinham condições financeiras para bancar aqueles gastos, mas perseveramos e conseguimos economizar o suficiente para custear todas as despesas. Minha mãe nos deu a sua aliança para que pudéssemos derretê-la e transformá-la em duas, uma para mim e outra para Suellen; nós amamos o presente e usamos esses anéis até hoje.

Nosso casamento aconteceu no dia 16 de dezembro de 2017 e estamos juntos há seis anos.

Hoje em dia, compartilhamos nossas experiências e ensinamentos sobre relacionamentos, pois reconhecemos a importância desse tema para o Senhor e percebemos como há dúvidas sobre o assunto na mente de muitos cristãos.

Por meio da nossa história, esperamos inspirar e encorajar outros a buscar a vontade de Deus acima de tudo a fim de que possam experimentar a plenitude de seus propósitos. Ao olharmos para o passado, acreditamos que essa conexão entre nós surgiu porque estávamos sensíveis ao direcionamento do Espírito Santo, e, em um momento de maturidade, fomos capazes de nos comunicar com clareza e alinhar nossas expectativas.

> **Esperamos inspirar e encorajar outros a buscar a vontade de Deus acima de tudo.**

O romance pode ser despertado em momentos inesperados, então não se desespere e aproveite o período da espera com sabedoria. Nossa história é uma prova de que os planos divinos podem se desenrolar de uma maneira diferente da que imaginamos, trazendo incríveis surpresas. Somos muito gratos por podermos partilhar dessa jornada juntos e estamos empolgados para descobrir o que o nosso futuro reserva, sabendo que continuaremos andando lado a lado, enfrentando os desafios e celebrando as alegrias da caminhada com Jesus!

Capítulo 7

NAMORO SAUDÁVEL

Como se relacionar segundo a vontade de Deus

Caminhamos uma longa jornada de aprendizado até aqui, e ficou claro que se preparar para um relacionamento e aproveitar sua disponibilidade de tempo durante o período de solteirice é uma das melhores formas de garantir que você faça a escolha certa no momento propício. Nessa fase, é fundamental estabelecer uma identidade firmada em Cristo, descobrir o seu propósito, equilibrar suas expectativas quanto a um futuro relacionamento e ser racional na tomada de decisões.

Todo esse processo de preparo será a chave para iniciar uma relação de maneira saudável, madura e que esteja de acordo com os desígnios de Deus para a sua vida. Porém, ao atingir a fase do namoro, é importante lembrar que ainda há uma trajetória a percorrer antes de chegar ao casamento. É claro que esse é o destino visado, mas tenha em mente que ainda não chegaram lá — e talvez sequer cheguem. Por isso, não pule etapas! Apesar de entendermos a responsabilidade que um compromisso sério carrega, sabemos que é possível encará-lo com leveza, paciência e utilizarmos esse período para conhecermos melhor o nosso companheiro.

> **Todo esse processo de preparo será a chave para iniciar uma relação de maneira saudável, madura e que esteja de acordo com os desígnios de Deus.**

Ao longo da vida, encontramos pessoas que nos causam aquela sensação de "borboletas no estômago" e despertam a nossa atração, com as quais poderíamos compartilhar momentos especiais e talvez até subir ao altar. No entanto, nem sempre é fácil identificar se um relacionamento está progredindo bem, então precisamos saber o que é importante não apenas para escolhermos corretamente o nosso par, mas também para a manutenção de um namoro saudável emocional e espiritualmente. Vale lembrar que o término sempre será uma opção preferível a passar o resto de seus dias ao lado de alguém incompatível com você.

O erro comum de muitos namorados acontece quando se distraem com carícias, correndo o perigo de passarem dos limites na intimidade física, ignorando os outros aspectos importantes do relacionamento. Essa postura dificulta que compreendam se de fato conseguirão conviver no cotidiano com tranquilidade e parceria. O namoro não é uma espécie de "*test-drive*", no qual você pode experimentar prazeres íntimos que deviam estar reservados apenas ao casamento. Como cristãos, devemos ter o firme entendimento de que isso é prejudicial, imprudente e pode gerar grandes arrependimentos.

O modo sábio de aproveitar essa fase é conhecendo um ao outro por meio do tempo de qualidade, da troca de ideias e da atenção aos detalhes, para ajustarem tudo o que for necessário antes de dizerem "sim" no altar. Portanto, no decorrer de uma relação, os defeitos de nosso companheiro devem ser identificados e, se possível, ajustados com mansidão, diálogo e amor.

Existem certas características em um namoro que podem provocar problemas sérios, e você deve aprender como percebê-las de maneira rápida para que sejam combatidas. Para ajudá-lo nesse entendimento, alguns dos problemas mais graves estão listados a seguir:

- ***Ciúme possessivo***

Pense na situação de uma moça que sempre foi muito participativa em sua igreja, servindo em cultos e eventos, e por causa disso tinha uma relação de amizade com muitos colegas. Então, começou a namorar com um rapaz extremamente ciumento, que se incomodava com o fato de ela estar em evidência nas atividades ministeriais e pediu para que ela parasse de cantar no ministério de adoração, de participar das reuniões de jovens e até de se arrumar para ir à igreja. Esse é um exemplo de ciúme possessivo, e essa postura não envolve cuidado com o outro ou carinho, mas revela uma relação destrutiva, baseada na insegurança e controle.

Eu já estive envolvida com um rapaz que não permitia que eu me arrumasse para ir aos lugares, pois não queria que minha aparência chamasse atenção de outras pessoas. Porém, quando conheci o Jefferson, sempre fui incentivada por ele, através de diversos elogios, a ser a melhor versão de mim mesma e a me cuidar. Essa é uma característica de um namoro saudável: o seu parceiro irá impulsionar você a alcançar o seu melhor em todos os aspectos. É claro que, em certas situações, será preciso que ele aponte problemas que precisam ser resolvidos, mas isso deve acontecer por meio de um diálogo maduro e equilibrado. Em momentos assim, é importante discernir a motivação dele: seria o desejo de ajudá-la a crescer ou alguma tentativa de exercer controle?

• *Agressividade*

A Bíblia nos instrui a tratar os outros com bondade e respeito: "Livrem-se de toda amargura, indignação e ira, gritaria e calúnia, bem como de toda maldade" (Efésios 4.31). Todo tipo de violência, seja ela verbal ou emocional, não deve ser tolerada dentro de uma relação entre duas pessoas que buscam ser mansas e humildes como Jesus. A agressão é um erro grave, se você já passou ou tem passado por essa situação dentro do seu relacionamento atual, considere terminar o namoro.

• *Dependência emocional*

Algumas pessoas tornam-se reféns de seus próprios relacionamentos, escolhendo ignorar o comportamento problemático de seus parceiros. Insistem em permanecer numa relação que gera estresse, discussões e abuso, por medo da solidão ou por se apresentarem emocionalmente dependentes

Essa é uma característica
de um namoro saudável:
o seu parceiro irá impulsionar
você a alcançar o seu melhor
em todos os aspectos.

de seus companheiros. Dessa forma, aquilo que deveria ser uma aliança entre dois indivíduos transforma-se em uma algema. Esteja atento para identificar esses tipos de situações e evitá-las.

• *Traição e mentiras*

A fidelidade é uma das características do fruto do Espírito Santo, e a Palavra nos aconselha a sermos fiéis e leais em nossos relacionamentos (cf. Hebreus 13.4), carregando as mesmas qualidades do Deus ao qual servimos. A presença de mentiras e traição em um namoro gera graves quebras de confiança, impedindo que duas pessoas consigam conviver em harmonia e causando sofrimentos profundos. Devemos ser pessoas honestas e íntegras, e posturas que se afastam disso podem indicar falta de caráter e imaturidade.

• *Afastamento de Deus*

É essencial colocarmos o Senhor em primeiro lugar em nossa vida, o tempo todo. Um relacionamento que nos afasta de uma caminhada comprometida com ele prejudicará a nossa fé e bem-estar espiritual. Não deixe de agradar o coração de Deus para satisfazer a vontade do seu parceiro, e se esse cenário for comum em uma relação, pode revelar incompatibilidade de princípios e valores.

> Não deixe de agradar o coração de Deus para satisfazer a vontade do seu parceiro.

Tenha sempre em mente que a presença do Pai em um namoro é vital para que ambos estejam alinhados com os propósitos dele, tendo Cristo como base da relação.

• *Instabilidade emocional*

Quando iniciamos uma dieta, mesmo que sejamos instigados pelo desejo de consumir doces, frituras e alimentos gordurosos, que carecem de bons nutrientes, precisaremos de disciplina para não os ingerirmos, preferindo opções saudáveis. Ao criar hábitos e fazer as escolhas certas todos os dias, manteremos o bom funcionamento e a saúde de nosso corpo. Desse mesmo modo, termos posicionamento e sermos constantes naquilo que acreditamos é algo saudável dentro de um relacionamento e essencial para a sua manutenção. Portanto, um namoro marcado por mudanças frequentes de humor pode indicar instabilidade e insegurança emocional, dificultando a construção de um compromisso duradouro.

• *Falta de autenticidade*

Você sente que, quando está com o seu companheiro, precisa fingir ser outra pessoa, assumindo uma postura que não condiz com a sua verdadeira personalidade por medo de não ser aceito? Essa falta de liberdade pode ser sufocante e, a longo prazo, será difícil sustentar uma mentira a respeito de si mesmo. Como seremos capazes de estabelecer um casamento sem sermos autênticos com o nosso cônjuge?

> Quando viajei até a casa da Suellen para pedi-la em namoro, lembro que ela fez questão de me receber com muita simplicidade e decidiu não se arrumar da forma que faria para ir a um evento ou à igreja, mas permaneceu com as roupas que sempre usava no dia a dia:

uma calça jeans, uma blusa, meia e chinelo. Essa postura foi proposital, porque seu desejo era saber se eu ainda demonstraria interesse por ela ao vê-la da maneira como se vestia no cotidiano, mostrando como seria a realidade de vivermos uma rotina juntos. Tal autenticidade gerou em mim uma grande admiração, e achei uma atitude muito inteligente da parte dela. Cada dia com a pessoa errada é um dia a menos com a pessoa certa, e sermos verdadeiros um com o outro dentro de um relacionamento é o melhor jeito de descobrirmos se estamos perdendo tempo com alguém.

Existem outras posturas às quais precisamos nos atentar, mas essas sete costumam ser as mais preocupantes e frequentes pelo que percebemos. Lembre-se de buscar sabedoria na Palavra de Deus, especialmente no livro de Provérbios, aconselhar-se com os mais experientes e desfrutar do período de namoro para realmente conhecer a personalidade da pessoa com quem pretende se casar, em vez de manter o foco em aspectos superficiais.

AMIZADE, DIÁLOGO E ESPIRITUALIDADE

Devemos compreender que não se constrói uma relação duradoura apenas com base na atração física. O período de namoro é um processo de descoberta mútua para o resto da vida. Há casos de namorados que, quando se sentam à mesa em um restaurante, apresentam dificuldade em encontrar assuntos para conversar e permanecem comendo em silêncio, por não desenvolverem um hábito de dialogar constantemente sobre suas preferências, *hobbies* e planos para o futuro. Quando não estão se beijando, ficam entediados, porque têm dificuldade para encontrar algo que possam realizar juntos; dá até para imaginar como seria a vida deles ao envelhecerem. Por isso, é crucial que o casal desenvolva uma relação de amizade e aproveite a companhia um do outro, dialogando sobre diversos temas, desde assuntos leves até questões mais sérias.

> O período de namoro é um processo de descoberta mútua para o resto da vida.

É comum sermos atraídos por pessoas populares, bonitas e que usam as roupas da moda, mas o *status* de alguém não é um fator relevante para sustentar um relacionamento por longos anos. O companheirismo é fundamental para cumprir esse papel, o que implica ter alguém que permanecerá ao seu lado em meio às dificuldades e turbulências da vida, oferecendo apoio emocional, incentivo e suporte espiritual. Em momentos desafiadores, precisamos de pessoas que permaneçam em oração conosco, intercedendo pela nossa vida e nos levando para mais perto da presença de Deus, com quem possamos compartilhar os ensinamentos de Cristo e crescer espiritualmente.

A oração é um hábito diário que fortalece o vínculo de uma relação e nutre a nossa conexão com o Senhor. Desde o início do nosso relacionamento, eu e a Suellen nos dedicamos

SOS DO AMOR

> a orar juntos e um pelo outro. Mesmo em dias mais atarefados, sempre encontramos tempo para interceder pelas situações que enfrentamos. Nós temos uma agenda agitada de ministrações, mas já aconteceu de eu chegar às três horas da manhã no hotel, após um dia cansativo, estando fisicamente exausto e não deixar de separar alguns minutos para orar pela minha esposa e pelo nosso casamento. Duas pessoas que oram juntas crescem e permanecem unidas.

Além de construir um elo dentro de uma relação, a oração também garante convicção da vontade de Deus e discernimento para que entendamos se determinado namoro deve ou não ser interrompido. Essa postura permitirá um término saudável, se necessário, pois ambos compreenderão que não há propósito em permanecerem juntos, e, embora possam ficar momentaneamente chateados, seguirão em frente sem carregarem feridas profundas ou questões mal resolvidas.

Portanto, um namoro saudável é constituído por uma parceria sob a bênção do Senhor, a qual gera uma amizade verdadeira. Deste modo, o casal conseguirá conversar honestamente, desenvolverá intimidade, segurança e liberdade para corrigir um ao outro sem receios, além de compartilhar sentimentos mais profundos e conselhos genuínos. Assim construirão um relacionamento transparente e desfrutarão de uma confiança mútua. Também serão capazes de conhecer os gostos de cada um, dos mais simples aos mais complexos — como saber qual é a sua sobremesa favorita, ou um comportamento que o outro considera inaceitável —, prestando atenção aos detalhes para que possam tratar seu parceiro de acordo com suas preferências.

Focar nesses pequenos cuidados é fundamental para não cair na cilada de relacionamentos vazios que se baseiam apenas em aparência ou em interesses passageiros. Existem pessoas que estão juntas há muitos meses, mas ainda não conhecem características básicas a respeito de seu companheiro, como sua cor ou passatempo favorito. Como, então, elas serão capazes de discernir questões mais profundas, traumas, valores ou propósitos?

> **Duas pessoas que oram juntas crescem e permanecem unidas.**

Observar como o outro trata os pais, os pastores e os amigos, tanto pessoalmente quanto nas redes sociais, revela muito sobre o seu caráter. Além disso, a opinião de nossos familiares a respeito da pessoa com quem estamos namorando deve ser levada em consideração, pois eles convivem conosco todos os dias há muitos anos e são capazes de discernir quais tipos de perfis combinam com o nosso. E não se esqueça de que a Bíblia ordena que honremos os nossos pais, pois seus conselhos podem nos ajudar a seguir na direção correta, sabendo que aprender com suas experiências permite que não cometamos os mesmos erros que eles praticaram no passado.

Então, em um namoro saudável, ambos devem procurar aprender com a sabedoria das pessoas em quem confiam, evitar o desrespeito um ao outro e estabelecer limites, principalmente quanto à intimidade física. O corpo do nosso parceiro não é um objeto a ser manipulado, mas sim o templo do Espírito Santo, o que requer de nós cautela em todas as situações. Aguardar até o casamento para ter relações sexuais

O corpo do nosso parceiro não é um objeto a ser manipulado, mas sim o templo do Espírito Santo, o que requer de nós cautela em todas as situações.

é um princípio estabelecido por Deus (cf. Gênesis 2.24), e nós sabemos que a vontade de Deus é boa, perfeita e agradável (cf. Romanos 12.2). A espera é a melhor escolha, mesmo que inicialmente isso gere um sentimento de impaciência ou frustração, pois quando o dia chegar, a surpresa será maravilhosa!

A QUESTÃO DO SEXO

É fundamental compreendermos que, quando se trata de um relacionamento entre cristãos, estamos lidando com indivíduos que são filhos e filhas de Deus, e não objetos destinados a satisfazer nossos desejos carnais. Atitudes nocivas como imoralidade sexual ou pornografia distorcem a forma como enxergamos uns aos outros, criando em nossa mente padrões irreais e deturpados a respeito do sexo, o que acarretará graves problemas em um futuro casamento.

A espera durante um namoro oferece ao casal a oportunidade de construir uma base sólida para o relacionamento, desenvolvendo uma conexão emocional profunda, a construção de uma forte parceria, o cultivo de valores e objetivos em comum e o amadurecimento mútuo. Também evitará consequências negativas que podem surgir de relações sexuais precipitadas, como o remorso, insegurança emocional e o risco de contrair doenças ou engravidar fora do matrimônio.

É importante ressaltar também que ter experiências sexuais com diversos parceiros ao longo do tempo, além de ser um comportamento contrário aos planos de Deus para seus filhos, pode levar a um acúmulo de peso emocional, ser um incentivo à comparação e afetar a confiança, intimidade e estabilidade do relacionamento atual. Portanto, busque alguém que respeite seus limites e esteja comprometido em envolver-se de forma saudável e respeitosa. Caso já tenha vivido experiências desse tipo, procure ajuda para liberar toda a carga espiritual e sentimental que possa ter acumulado; torne-se livre e limpo pelo sangue de Jesus para viver aquilo que o Pai reservou para você.

E quando estiver namorando, atente-se a essa dica prática: para que você não seja vencido pelas tentações, o mais sábio é deixar de se expor a elas. Diante de situações que podem levar à consumação do pecado, não devemos apenas lutar, mas sim **fugir**, seguindo o exemplo de José ao ser tentado pela esposa de Potifar: "Ela o agarrou pelo manto e voltou a convidá-lo: 'Vamos, deite-se comigo!'. Mas ele **fugiu** da casa, deixando o manto na mão dela" (Gênesis 39.12 – grifo dos autores).

> **Para que você não seja vencido pelas tentações, o mais sábio é deixar de se expor a elas.**

Em Provérbios também encontramos um conselho nesse sentido:

> O prudente percebe o perigo e busca refúgio; o inexperiente segue adiante e sofre as consequências. (Provérbios 27.12)

Muitos não agem como o prudente e escolhem se expor a ambientes que estimulam o pecado, acreditando serem fortes o suficiente para resistir. No entanto, queremos encorajá-lo a não se manter na beira dos limites estabelecidos, movido pela crença de que poderá lutar contra a tentação quando ela surgir. Permaneça distante deles, fuja!

E QUANDO ERRAMOS?

Apesar de estar em contato com todos esses conselhos agora, talvez você já tenha errado e acabou caindo em tentação, de modo que se sente culpado e não sabe ao certo como prosseguir ou consertar o seu erro. Quando você se dá conta de que se afastou tanto da presença do Senhor que já não consegue mais ouvir a sua voz, é necessário retornar ao caminho da santidade, o que nem sempre é um processo fácil.

O pecado pode ser atrativo, sedutor e prazeroso para a carne, mas é uma prisão que nos torna mortos espiritualmente: "Cada um, porém, é tentado pela própria cobiça, sendo por esta arrastado e seduzido. Então a cobiça, tendo engravidado, dá à luz o pecado; e o pecado, após ter-se consumado, gera a morte" (Tiago 1.14,15). Entretanto, o sangue purificador de Jesus nos lava de todo o pecado e nos liberta da culpa, levando-nos ao arrependimento genuíno.

Se você percebeu que se desviou do caminho correto, é hora de voltar, pois ainda há tempo. Compreenda que você tem um Deus sempre disposto a recebê-lo de volta e guiá-lo na direção certa, pois você é amado por ele! Quando Davi pecou, a Bíblia relata quão profundamente se arrependeu ao se dar conta do tamanho do seu erro:

> Compreenda que você tem um Deus sempre disposto a recebê-lo de volta e guiá-lo na direção certa, pois você é amado por ele!

> Tem misericórdia de mim, ó Deus, por teu amor; por tua grande compaixão apaga as minhas transgressões.

Lava-me de toda a minha culpa e purifica-me do meu pecado. Pois eu mesmo reconheço as minhas transgressões, e o meu pecado sempre me persegue. (Salmos 51.1-3)

Essa deve ser a nossa postura ao reconhecermos nossas falhas, pois o Senhor não desprezará um coração quebrantado (cf. Salmos 51.17), e ele se agradará em direcioná-lo de volta à sua presença.

Quando notamos um comportamento pecaminoso em nós, além de cuidarmos para não o cometermos novamente, devemos praticar o seu oposto (cf. Efésios 4.22-32): se antes mentíamos, precisamos agora falar a verdade; se tínhamos o hábito de dizer palavras ruins, busquemos edificar os outros à nossa volta com palavras de amor e incentivo; quem murmurava, crie o hábito de agradecer todos os dias; para os que praticavam imoralidades sexuais, busquem agora a pureza em todas as suas ações e pensamentos. **Deixe que sua mente seja renovada e transformada pelo agir do Espírito Santo!**

Eu fui um rapaz que não me casei virgem. Por mais doloroso que seja, infelizmente foi o que aconteceu, e isso gerou em mim um intenso sentimento de culpa. Se você também caiu nesse erro, não deixe que Satanás utilize isso como acusação para afastá-lo de Deus ou fazê-lo duvidar do seu amor.

Manter essa angústia em seu interior é muito perigoso, por isso é importante que você confesse seus pecados a alguém de confiança, um líder ou pastor a quem possa prestar contas, para que possam orar juntos. Assim você terá acesso à cura e restauração e alcançará misericórdia: "Portanto, confessem os seus pecados uns aos outros e orem uns pelos outros para serem curados. A oração de um justo é poderosa e eficaz" (Tiago 5.16). Não importa o quanto se afastou nem quão profundamente está preso ao pecado, o Senhor está sempre de braços abertos esperando por você e é poderoso para libertá-lo!

Deus anseia pelo nosso bem-estar e nos chama para viver uma vida santa e em comunhão com ele, a fim de transformar não só a nossa forma de agir, mas a nossa natureza como um todo. Se tentarmos tirar um porco de um chiqueiro e limpá-lo, sua primeira atitude será voltar para a sujeira, pois apenas sua aparência foi alterada, mas os seus instintos naturais permanecem os mesmos. Essa ilustração nos ajuda a entender que não conseguiremos vencer o pecado apenas mudando nossas atitudes superficialmente e permanecendo com o nosso coração impuro.

O Pai deseja criar um relacionamento tão íntimo conosco que, ao nos depararmos com uma situação em que seríamos capazes de pecar, não desejaremos fazê-lo, pois isso entristecerá o coração de Deus. Mais do que gerar danos a nós mesmos ou a alguém, nossa grande preocupação deve ser não desagradar ao Senhor, pois diariamente ele nos constrange com seu amor, misericórdia e bondade. Na Palavra, isso é definido como "temor" e "zelo", qualidades que criam em nós um caráter irrepreensível à semelhança de Cristo.

SOS DO AMOR

Logo, persevere em cultivar uma vida baseada nas disciplinas espirituais, vigiando constantemente. Quem se entrega ao pecado costuma deixar de orar, mas quem se dedica à prática da oração passa a não pecar.

As escolhas do passado não precisam definir quem você é hoje, pois o Senhor tem um novo começo disponível para todos os que se arrependem. Conserve em sua memória os aprendizados expostos até aqui e busque santidade em seu relacionamento para manter um namoro e o futuro casamento saudáveis!

Capítulo 8

O CASAMENTO

A importância de uma preparação correta

Depois de se preparar individualmente, aprender a esperar, fazer as escolhas certas e viver um namoro saudável, no qual ambos investiram tempo em se conhecerem e crescerem, chegará o tempo de começar a caminhar com o seu parceiro rumo ao altar. Isso precisa ser feito de maneira intencional, por meio de passos práticos e um alinhamento de visão sério e profundo, focado em planos sobre o futuro que dividirão juntos.

Na fase de preparo para o casamento, sobretudo, é essencial entender que partilhar uma vida lado a lado requer uma construção conjunta, sem idealizações excessivas e irreais a respeito de como um casamento deve ser. Ao tomarem a decisão de se casarem, precisam ter em mente que precisarão se ajustar à realidade do dia a dia e a uma rotina cheia de aspectos ordinários, hábitos e alguns desafios que todo matrimônio carrega.

Embora a ideia de viver o ordinário pareça negativa para muitos, precisamos entender que o cotidiano é composto principalmente por momentos comuns, no qual realizamos tarefas habituais e por vezes repetitivas, como limpar a casa, cuidar dos filhos, sair para trabalhar, ir à igreja toda semana, e assim por diante. Por mais rotineira que seja a vida comum, ela traz, a cada novo dia, uma oportunidade para desfrutar do amor de Deus e praticá-lo com as pessoas à nossa volta, e isso é uma verdadeira bênção!

A Palavra diz para fazermos tudo de todo coração, como para o Senhor (cf. Colossenses 3.12); portanto, desde as atividades mais simples do nosso dia a dia, até as mais complexas precisam ser desempenhadas com excelência. Por fim, carregamos conosco a convicção de que nosso Pai é bom, de que fomos salvos para experimentar a plenitude de uma vida em sua presença e podemos adorá-lo em tudo o que nos dispomos a fazer (cf. 1 Coríntios 10.31). Portanto, é possível encontrar beleza na rotina! Afinal, nossa vida não se resume apenas à paixão intensa 24 horas por dia, e é essencial que saibamos apreciar a naturalidade do cotidiano.

> **Nossa vida não se resume apenas à paixão intensa 24 horas por dia, e é essencial que saibamos apreciar a naturalidade do cotidiano.**

Esse deve ser um dos primeiros aprendizados para quem está noivo ou anseia pelo matrimônio, pois, infelizmente, há pessoas que veem o casamento como um fardo pesado e tedioso. Porém, na verdade, é uma fase empolgante, o começo de algo novo, uma aventura repleta de altos e baixos, na qual duas pessoas descobrem a beleza de viverem algo que o próprio Deus instituiu. O sentimento negativo frequentemente propagado pelas ideias modernas pode surgir de uma romantização precipitada dos relacionamentos, mas para que uma relação seja gratificante, ambos os parceiros devem estar em constante evolução, aprendendo a conviver e desfrutar da rotina na companhia um do outro.

Para alcançar esse objetivo, compreenda que um casamento é um trabalho em conjunto, no qual aprendemos a ceder a certas preferências do nosso cônjuge, para que haja acordo e harmonia. Não podemos ser inflexíveis e esperar que nosso parceiro concorde conosco em todas as situações. É importante haver espaço para o crescimento mútuo e estar disposto a renunciar desejos próprios em alguns momentos, praticando o amor sacrificial ensinado por Jesus. Não se trata de negar a nossa identidade, mas de reconhecer que ainda temos muito a aprender com os pensamentos e opiniões do nosso companheiro, além de exercermos paciência e bondade.

Todos nós carregamos uma bagagem composta pelas nossas experiências do passado e pela forma como fomos educados na infância. Então, todo casamento envolve a união de indivíduos com trajetórias diferentes, por mais que a base de seus valores possa ser a mesma. Por esse motivo, será necessário identificar certos comportamentos e hábitos que, apesar de estarem conosco ao longo da vida, comprometem o bem-estar da relação e precisam ser abandonados. Nosso foco jamais deve ser o de "vencer uma briga", mas promover a satisfação de nosso par e expressar amor.

SOS DO AMOR

Gosto de pensar que cada pessoa dentro de uma relação carrega 100% daquilo que presenciou e aprendeu dos pais ao longo da vida, mas, ao atingir o momento do casamento, é aconselhável que cada um fique apenas com 25%. Assim, formarão juntos 50% daquilo que pretendem construir como casal, e isso será a base para o início da caminhada que estarão prestes a partilhar. No decorrer dos anos, ao conviverem e passarem por novas situações como parceiros, poderão definir os outros 50% como uma equipe.

Pode ser muito prejudicial entrarem em um casamento carregados com 100% de ideias e pensamentos próprios, pois não haverá lugar para construírem algo novo juntos e terão dificuldade em solucionar conflitos, já que estarão muito apegados a mentalidades individuais. Eu tive uma conversa muito franca com os meus pais, já depois de casado, e apontei para eles essa situação. Pontuei todas as atitudes que eu ainda desejava carregar, aprendizados úteis e experiências positivas capazes de me auxiliar como esposo. Porém, também expus aquilo que não queria levar comigo, manias problemáticas e comportamentos que adquiri conforme fui crescendo e que poderiam prejudicar meu relacionamento. Talvez essa estratégia possa ser útil a você também!

O CASAMENTO . A importância de uma preparação correta

O casamento é maravilhoso quando possui um propósito divino, e ambos os parceiros se respeitam, entendem seus papéis e se comportam como um time, sem alimentarem um sentimento de competição, pois essa é uma união de duas pessoas que compartilham de uma mesma missão. O homem atua como sacerdote, lidera a família espiritualmente e provê segurança, ensinamentos e direção (cf. Efésios 5.21-33); a mulher contribui com sua capacidade de edificar um lar, garante aconselhamentos sábios, acolhimento emocional e espiritual e estabelece disciplina para o dia a dia de uma família (cf. Provérbios 31.10-31). Compreender e definir a função de cada um ajuda o casal a manter a funcionalidade do relacionamento de maneira eficaz e abençoada.

É certo que ocorrerão desafios ao longo do caminho, mas assim como um diamante é capaz de lapidar o outro, cada indivíduo deve contribuir para a lapidação de seu companheiro: serão necessários ajustes, vocês enfrentarão obstáculos e terão conversas importantes. O respeito é a base, e as palavras têm poder (cf. Provérbios 18.21), por isso precisamos ter cuidado, especialmente em momentos de discussões acaloradas. Em situações como essas, devemos ser cautelosos para não permitirmos que o orgulho tome conta de nossas ações e evitarmos uma postura intolerante e repleta de teimosia. Aqueles que não estão dispostos a mudar ou a admitir erros apresentarão problemas para encontrar alegria em um casamento.

O orgulho nos impede de alcançar uma versão aprimorada de nós mesmos. Quando nos comparamos à Suellen e ao Jefferson de cinco anos atrás, encontramos grandes diferenças,

153

O casamento é maravilhoso quando possui um propósito divino, e ambos os parceiros se respeitam, entendem seus papéis e se comportam como um time.

porque a convivência de um com o outro permitiu que pudéssemos melhorar a nossa forma de agir, pensar e encarar as situações da vida. Isso é uma coisa que os meus pais já notaram após o meu casamento. Certo dia, já casada, fui visitá-los em sua casa e os ouvi comentarem surpresos: "A Suellen é outra pessoa, ela mudou para melhor!". Por isso, entendo que devemos abandonar o orgulho e abraçar a oportunidade de sermos aperfeiçoados pelo nosso cônjuge todos os dias.

Para aqueles que encaram o casamento como uma oportunidade de crescer e progredir em conjunto, a transformação é extraordinária. Ao olharmos para trás, perceberemos que amadurecemos em muitos aspectos. Compreender que essa é uma nova fase garante disposição para estabelecerem juntos uma história de amor, companheirismo e compreensão. As mudanças e adaptações são normais, e é nesse processo que encontramos a verdadeira beleza de dividir a vida com alguém.

OS NOSSOS COMBINADOS

A importância da conversa foi enfatizada ao longo de todo este livro, porque de fato ela é necessária em todas as fases de um relacionamento, principalmente quando um casal decide que é tempo de noivar e começar a organizar os preparativos para o casamento. O ideal não é esperar estar casado para começar a ajustar uma visão em comum, mas já iniciar esse processo antecipadamente, por meio

SOS DO AMOR

de um "pré-alinhamento", no qual a troca de ideias será indispensável.

Juellen

Eu e o Jefferson chamamos isso de "os nossos combinados": decisões que tomamos como casal antes do casamento para não termos grandes problemas depois, já que nossas funções e expectativas estarão bem definidas. Um exemplo bem simples, mas que faz toda a diferença, é a divisão das tarefas domésticas. Muitos casais enfrentam conflitos por não terem conversado sobre quem vai cuidar de cada afazer dentro de casa, como limpar o banheiro, varrer o chão, lavar a louça, etc. Se a realização dessas atividades não for bem estabelecida, pode causar sérios conflitos entre uma esposa e seu marido.

Já ouvimos falar que "combinado não sai caro", e então decidimos definir com clareza nossas funções para garantir a harmonia no nosso dia a dia. Assim, eu sabia o que deveria cumprir e o que esperar do Jefferson. Por exemplo, não vejo problema em lavar a louça, então decidimos que eu ficaria encarregada dessa tarefa. Ele prefere varrer a casa, portanto sabemos que essa é uma de suas responsabilidades na dinâmica do lar.

Esse acordo foi estabelecido desde o início e, ao longo dos nossos seis anos de casados, tem sido respeitado à risca. Claro que isso não significa que eu nunca precisarei tocar em uma vassoura, ou que o Jefferson jamais limpará um prato, mas é uma maneira de dividir o trabalho para que ele seja feito com mais leveza. Dessa forma, evitamos conflitos desnecessários e desentendimentos por causa de tarefas domésticas, porque combinamos tudo anteriormente. Isso facilitou muito a convivência em nossa rotina, foi uma bênção!

Além disso, desde o início, concordamos que não guardaríamos mágoas ou ressentimentos um do outro. Se algo estivesse nos incomodando, conversaríamos a respeito desse assunto de forma calma e respeitosa, buscando por uma solução juntos. É certo que já passamos por desentendimentos, mas aprendemos que, ceder em algumas questões é mais vantajoso do que ser o dono da razão. Talvez seja necessário que você peça perdão, mesmo sem se achar tão errado assim, e é preciso fazer isso com humildade.

Também aprendemos a respeitar as diferenças entre nós, porque somos indivíduos únicos, com gostos e personalidades distintas. Em vez de querer mudar um ao outro, priorizamos o incentivo, o encorajamento, a troca de conselhos e opiniões para estarmos sempre melhorando a nossa forma de tratamento.

Convivendo com a Suellen, eu percebi a importância de ser cauteloso com aquilo que digo, principalmente se estou com raiva ou irritado. Já aconteceu de, em meio a uma discussão, eu falar algo e logo me arrepender, porque notei o quanto aquilo a chateou. Foi necessário esperar os ânimos acalmarem para que eu pudesse ir até ela, conversar e pedir perdão. Compreendi que ajustes são essenciais no casamento, pois certos conflitos costumam acontecer.

Outro combinado que considero essencial é evitar a opinião de terceiros quando estiverem definindo a caminhada de vocês como casal. Com certeza os conselhos de pessoas mais experientes são necessários, o problema começa quando recebemos críticas construtivas de quem não construiu nada — indivíduos com relacionamentos ruins, que não se portam como bons exemplos. Além disso, os nossos familiares e amigos, apesar de serem muitas vezes uma boa rede de apoio, não estão acima do nosso cônjuge em nossa vida. Hoje, entendo que a relação principal deve ser entre a Suellen, eu e o Espírito Santo, para que tenhamos autonomia na tomada de decisões, e aconselho você a fazer o mesmo com seu futuro marido ou esposa.

Um casal constrói esse tipo de parceria ao longo do tempo, por meio de ações consistentes e comprometimento. Estabelecer esses fundamentos desde o início, com muito diálogo, transparência, confiança, respeito e apoio mútuo, é um trabalho contínuo, que requer dedicação e esforço dos dois lados, mas muito recompensador!

VALORES E AMIZADE

Quando o casamento se torna uma possibilidade real, é hora de discutir assuntos essenciais, como moradia, veículo, finanças, e até mesmo outras questões mais polêmicas relacionadas à política e a ideologias, que guiarão decisões importantes ao longo da vida a dois. Se não houver um alinhamento no namoro, como já recomendamos, é aconselhável que não sigam em frente com a relação! Para construírem um legado juntos — uma herança de valores, caráter e propósito que será transmitida para seus filhos e netos — um par não pode ter opiniões opostas sobre temas cruciais.

Jefferson

Quando eu e a Suellen conversamos sobre finanças, logo surgiu a pergunta: "Quem vai cuidar do dinheiro?". Para muitos casais, não existe o "nosso dinheiro", e eles decidem viver financeiramente independentes um do outro — meus pais, por exemplo, sempre agiram dessa maneira. Mas o plano de Deus para a família é que marido e mulher sejam um (cf. Marcos 10.8), sendo assim, não faz sentido manterem os gastos separadamente. Depois que você amadurece, tem duas opções: manter os hábitos dos seus pais ou criar os seus próprios. A escolha é sua. Já encontrei pessoas que, mesmo reclamando o tempo todo das atitudes dos pais, continuam agindo da mesma forma e cometendo erros parecidos com os deles. Por isso, não se esqueça de que você pode fazer diferente!

Então, eu expus para a Suellen a minha opinião: "Não quero que tratemos as nossas finanças como 'meu dinheiro' ou 'seu dinheiro'. Penso que devemos nos unir". E ela concordou comigo. Desde então, eu ganho uma quantia, ela outra, e nós juntamos tudo, e até hoje permanecemos seguindo esse combinado. Um conselho que podemos oferecer aos jovens que querem se casar é: sejam bem-resolvidos na questão financeira, unam-se e consagrem tudo ao Senhor, depositando nele a confiança e reconhecendo sua dependência dele.

Hoje, nós somos capazes de viver bem com aquilo que recebemos através do nosso trabalho, mas nem sempre foi assim. Batalhamos para economizar e conseguir arcar com as dívidas da cerimônia de casamento, qualquer gasto impactava nosso orçamento, pagar as contas e o aluguel era desafiador e passamos por muitas dificuldades. Porém conseguimos conquistar uma estabilidade e percebemos como é importante estar com alguém que permaneça ao nosso lado, que sempre nos trate bem e aceite enfrentar conosco os desafios, porque é muito bom poder dizer: "Construímos isso juntos".

Fico feliz em olhar para trás e ver que tudo que conquistamos é fruto, primeiramente, da graça de Deus, mas também da nossa parceria, esforço e amor um pelo outro.

Sejam bem-resolvidos
na questão financeira,
unam-se e consagrem tudo
ao Senhor, depositando nele
a confiança e reconhecendo
sua dependência dele.

UMA QUESTÃO DE TEMPO

É fundamental destacar que essa definição de acordos e planejamentos com antecedência não envolve agir impulsivamente, como namorar por uma semana e já querer criar uma conta conjunta no banco para compartilhar dinheiro. Em primeiro lugar, permita que o amor, a sintonia e a afinidade se desenvolvam naturalmente e sem pressa. Essa fase inicial é como uma aventura de descoberta mútua, com conversas, trocas de mensagens e encontros ao longo do tempo.

Conforme o namoro progride, chegará o momento de incorporar seu círculo social ao relacionamento. Os colegas e familiares são apresentados aos poucos, à medida que a confiança e o amor crescem. No entanto, cada um ainda precisa do seu espaço: sair com os amigos e passar momentos com a família. Quando o casamento se aproxima, conversar sobre planos financeiros, economizar para pagar a cerimônia ou até mesmo para adquirir sua própria casa pode ser positivo, desde que feito com sabedoria e prudência, pois devemos agir com cuidado e compreender bem a personalidade e os valores do outro antes de tomar decisões apressadas. Cada casal tem seu próprio ritmo e contexto, e não existe um padrão universal a ser seguido.

CONSTRUINDO RELACIONAMENTOS SÓLIDOS E DURADOUROS

Por fim, tenha em mente que o amor é uma decisão, não um sentimento, e isso implica escolher amar o nosso parceiro diariamente. Imagine só o que seria de nós se o Senhor apenas nos amasse se fôssemos merecedores, estaríamos perdidos! Pecamos o tempo inteiro, somos falhos e muitas vezes ingratos. Mesmo assim, nosso Pai demonstra misericórdia e compaixão abundantes, perdoa os nossos pecados quando nos arrependemos e nos encoraja a agir da mesma forma com o nosso companheiro (cf. Mateus 6.14,15), a fim de que possamos atingir um nível mais profundo de amor, como descrito no livro de 1 Coríntios:

> O amor é paciente, o amor é bondoso. Não inveja, não se vangloria, não se orgulha. Não maltrata, não procura seus interesses, não se ira facilmente, não guarda rancor. O amor não se alegra com a injustiça, mas se alegra com a verdade. Tudo sofre, tudo crê, tudo espera, tudo suporta. (1 Coríntios 13.4-7)

O ser humano tem o costume de confundir o amor com mera afeição ou com sentimentos acalorados e passageiros, quando na verdade ele envolve superar obstáculos e se sacrificar pelas vontades e necessidades do outro. É escolher abrir mão das próprias vontades e ser humilde o suficiente para pedir perdão e perdoar, como Deus nos ensina. O amor verdadeiro é uma decisão consciente, representada no "sim" que é dito no altar, uma afirmação de compromisso até a morte. E ela não se restringe apenas a esse momento, mas é

O amor verdadeiro é uma decisão consciente, representada no "sim" que é dito no altar, uma afirmação de compromisso até a morte.

perpetuada a cada manhã, quando acordamos e escolhemos dizer "sim" para o nosso cônjuge.

Dessa forma, a relação será como um jardim secreto regado todos os dias, no qual homem e mulher desfrutam da intimidade entre si e com o Senhor. Para isso, devem tratar um ao outro com bastante amor, por meio de elogios, respeito e sacrifício mútuo. É natural que, ao longo do tempo, o relacionamento passe por diferentes fases e desafios, por isso nutri-lo constantemente com amor permitirá que prospere, mesmo que a rotina o coloque à prova. Casamentos dão certo sim, só precisamos fazer com que isso aconteça.

Capítulo 9
CONCLUSÃO

Dicas e conselhos finais

As experiências compartilhadas até aqui são preciosas ferramentas para que você lide com sua vida amorosa de maneira sábia, saudável e **sob o direcionamento do Senhor**; lembre-se de que não apresentamos regra alguma, mas dicas e conselhos baseados em nossas vivências e, obviamente, na Palavra. Chegando ao fim desta leitura, queremos encorajar você a colocar em prática os entendimentos adquiridos e conselhos que recebeu, pois só assim eles terão algum efeito.

Tenha sempre em mente que **família é um projeto de Deus**, algo precioso ao coração do Pai. Um casamento vivido por duas pessoas que se dedicam uma à outra, que sabem dialogar, ceder quando necessário, que esperaram o tempo certo e escolhem seu par de forma racional e com a orientação divina será imensamente alegre e gratificante a ambos. Quando construído com sabedoria, o casamento é a melhor coisa para viver. Por mais que apresente uma série de dificuldades, se bem vivido e aproveitado por um homem e uma mulher sadios, maduros e que têm a Bíblia como manual de fé, o matrimônio oferecerá os melhores dias de sua existência.

Como afirma a Palavra de Deus, "**melhor é serem dois do que um**, porque têm melhor paga do seu trabalho. Porque, se um cair, o outro levanta o seu companheiro; mas ai do que estiver só; pois, caindo, não haverá outro que o levante" (Eclesiastes 4.9,10 - ARC). Podemos dizer confiantemente que nos casarmos foi a melhor coisa que fizemos, tudo mudou em nossa vida e vimos diversas promessas de Deus se cumprirem a partir do nosso matrimônio. Temos um ao outro como parceiros na vida e sabemos a diferença que isso faz!

Sim, temos consciência de que relacionar-se com alguém pode ser um grande desafio. Sempre que relacionamentos partem de pressão social, escolhas feitas na emoção e imaturidade ou simplesmente fora da direção do Senhor tenderão a de fato acabarem mal, expondo os envolvidos a feridas emocionais e até mesmo a traumas profundos. Contudo, família é um plano perfeito de Deus, ele fez o casamento para dar certo, somos nós quem complicamos as coisas, tomando decisões precipitadas e descuidadas.

Como mensagem final, para auxiliá-lo na tarefa e encerrar essa jornada de aprendizados, é importante ressaltar esta dica: saiba **discernir o tempo certo**, já que "para tudo há uma ocasião, e **um tempo para cada propósito** debaixo do céu" (Eclesiastes 3.1 – grifo dos autores). Não tenha pressa em querer se relacionar, lembre-se de que a maturidade espiritual, emocional e financeira é essencial para que o seu relacionamento seja bem-sucedido; para adquiri-la, talvez você enfrente um processo demorado.

CONCLUSÃO • Dicas e conselhos finais

Por outro lado, não espere que todas as áreas de sua vida estejam perfeitamente resolvidas para começar a envolver-se com alguém, pois ter uma pessoa parceira e madura caminhando ao seu lado servirá de apoio para a conquista de seus sonhos e cumprimento dos propósitos do Senhor. Busque sabedoria para entender em qual estação você se encontra no momento e aprenda a aproveitar o período de espera da melhor maneira que puder: desenvolva o seu caráter e suas habilidades, adquira conhecimento e firme a sua intimidade com o Pai.

Saiba discernir o tempo certo, já que "para tudo há uma ocasião, e um tempo para cada propósito debaixo do céu".

Quando estiver em um namoro, usar o tempo com prudência é crucial. Aja com cuidado para evitar cair em armadilhas e tentações que possam comprometer seu relacionamento (com o próximo e com Deus), foque em conhecer bem o seu parceiro e escute os conselhos de pessoas experientes que desfrutam de casamentos abençoados — tendo em mente que aqueles que são infelizes em suas relações e apresentam uma visão negativa a respeito do matrimônio não costumam ser apropriados para oferecer a sabedoria que precisamos nesse âmbito.

Além disso, não se apresse em iniciar uma relação com alguém que talvez não seja a pessoa adequada para você, isso é um grande perigo! A vida não funciona como uma aposta, na qual você pode cometer atitudes arriscadas com a possibilidade de perder tudo o que conquistou. Devemos ser responsáveis e cautelosos, porque estamos lidando com a realidade e com a nossa saúde emocional e física.

Se uma pessoa dá indícios de que não é compatível com os planos de Deus para você, aprenda a dizer "não" para ela e permaneça solteiro; terminar um namoro (ou até um noivado) não é o fim do mundo, incalculavelmente pior seria enfrentar um divórcio.

A Bíblia nos ensina a guardarmos o nosso coração (cf. Provérbios 4.23), e isso envolve preservar os nossos pensamentos, desejos e afeições, para que não estejamos vulneráveis ao pecado e às suas consequências. A frase "eu amo você" é desvalorizada por muitos, que costumam envolver-se amorosamente de maneira precoce, movidos por uma paixão momentânea, sem entender com profundidade e maturidade o que o amor de fato significa.

Não coloque à prova o seu emocional, não se precipite em suas ações nem permaneça em um relacionamento com a pessoa errada por carência ou medo da solidão. O Senhor valoriza o seu coração, então faça como ele: não se contente com o que é bom sabendo que o Pai reserva algo excelente para a sua vida.

NÃO TROQUE O OURO PELO BRONZE

Entender o seu valor será uma chave preciosa para tomar decisões certas. Casar-se com alguém que não está de acordo com os planos de Deus para você é como adquirir para si uma peça de bronze: se bem polida, ela terá a capacidade de reluzir e até se parecerá com uma peça de ouro por conta de seu brilho, podendo enganar alguns, mas jamais será valiosa como algo feito de ouro puro. Pensando nisso, é importante estarmos atentos para não cometermos esse engano, então procure pelas

CONCLUSÃO • Dicas e conselhos finais

"peças de ouro!", isto é, aquilo que está de acordo com a vontade do Senhor para você.

Na carta do apóstolo Paulo aos romanos, lemos: "Não se amoldem ao padrão deste mundo, mas transformem-se pela renovação da sua mente, para que sejam capazes de experimentar e comprovar a **boa, agradável e perfeita vontade de Deus**" (Romanos 12.2 – grifo dos autores). Temos o grande privilégio de poder experimentar os desejos do Pai aqui na Terra, mas Satanás sempre nos oferecerá algo inferior, tentando nos convencer de que é suficiente para nós. Sua tática consiste em apresentar para nós aquilo que é bom, agradável e **desejável**, como fez com Eva no Éden:

> Vendo a mulher que a árvore era **boa** para se comer, **agradável** aos olhos e árvore **desejável** para dar entendimento, tomou-lhe do fruto e comeu e deu também ao marido, e ele comeu. (Gênesis 3.6 – ARA, grifos dos autores)

Ao ler atentamente a passagem, percebemos que **o fruto era desejável, mas não perfeito**, pois a perfeição é uma qualidade reservada apenas ao que está de acordo com a vontade do nosso Deus. Percebemos que é justamente nesse ponto que muitos caem: rendem-se ao que desejam no momento em vez de esperarem pelo plano perfeito do Senhor. Talvez por conta da carência, da pressão social ou por simplesmente não poderem conter o desejo que têm por certa pessoa, envolvem-se em relações que

Não se contente com o que é bom sabendo que o Pai reserva algo excelente para a sua vida.

geram consequências desastrosas, uma vez que contrariam os propósitos divinos.

Portanto, aprenda com os erros de Adão e Eva e não se engane! Os planos do Pai contêm aquilo que será perfeito para a sua história, aprenda a aguardar com calma e deixe que a sua fé seja fortalecida nesse processo. Não aceite menos daquilo que está guardado para você nem se contente com o bronze, que brilha apenas na superfície, mas não carrega a força e a autenticidade do ouro. Escolher certo exige paciência, discernimento e coragem para esperar pelo que é verdadeiramente valioso.

VALERÁ A PENA!

Toda essa preparação será recompensadora quando atingir a fase do casamento, e o tempo investido valerá a pena, pois você estará iniciando um novo momento em sua trajetória, cheio de novos desafios que serão partilhados com o seu futuro cônjuge. Então não esqueça que o alinhamento entre um casal será indispensável para que sua relação seja bem-sucedida ao começarem a construção de uma vida juntos, e cada um deverá estar disposto a trabalhar como uma equipe.

> Os planos do Pai contêm aquilo que será perfeito para a sua história, aprenda a aguardar com calma e deixe que a sua fé seja fortalecida nesse processo.

Desfrutar dos propósitos de Deus como uma só carne é uma bênção e envolve mais do que cantar ou pregar juntos, por exemplo, mas diz respeito a um chamado em comum que é compartilhado através de um relacionamento íntimo com o Senhor, no qual marido e esposa desempenham seus papéis com dedicação a fim de serem santificados a cada dia, crescendo em amor um pelo outro.

Quando duas pessoas reconhecem que querem passar o resto de sua vida lado a lado e decidem dizer "sim" uma para a outra no altar, é como se cada uma das "peças de ouro" iniciasse um processo de purificação, em que passarão pelo fogo. Ou seja, convivendo juntas em meio à rotina e deixando que o Espírito Santo atue em sua relação, serão cada vez mais aperfeiçoados. Você agora terá a supervisão constante do seu parceiro, por isso não conseguirá ocultar os seus defeitos, então será o momento de encarar a realidade com sinceridade e transparência. Isso permitirá que o seu caráter seja moldado e aprimorado.

A Palavra de Deus não erra, e ele deseja que tenhamos relacionamentos abençoados. É na Bíblia que você encontrará os ensinamentos e as orientações necessários para lhe dar suporte e direção ao longo de toda a sua caminhada.

Assim como uma mulher virtuosa é difícil de ser encontrada (cf. Provérbios 31.10), um homem fiel também é raro (cf. Provérbios 20.6), por isso devemos obedecer aos mandamentos do Senhor, deixar que ele molde o nosso coração e nos transforme de glória em glória. Busque sempre a santidade e a sabedoria divina para se tornar cada vez mais parecido com Jesus, maduro, pronto para uma relação saudável, capaz de encontrar a pessoa certa (aos rapazes) ou de ser achada por alguém assim (às moças).

Por fim, lembre-se de aplicar os aprendizados presentes nestas páginas todos os dias. Que eles sejam como sementes a germinar e gerar frutos em seu coração, provendo amadurecimento em suas emoções. Nossa jornada juntos não termina por aqui: você também pode nos acompanhar no Instagram e no nosso canal do YouTube! Continuaremos compartilhando nossas experiências para ajudá-lo em sua caminhada com Jesus.

O amor de Cristo é o alicerce que sustenta todas as áreas de nossa vida, então busque-o em primeiro lugar e procure por relacionamentos que glorificarão a Deus e espalharão seu amor pela Terra.

Esperamos encontrar você novamente, então até breve!

Com carinho,

Jefferson e Juellen

PERGUNTAS E RESPOSTAS

As questões polêmicas mais frequentes em nossas redes sociais

Nesta seção final do livro, traremos as perguntas sobre situações amorosas que mais recebemos pelas redes sociais e as nossas respostas. Assim, poderemos ajudar nossos irmãos que desejam ter relacionamentos abençoados e frutíferos, além de responder talvez algum questionamento que também seja o seu.

Tenha em mente que os conselhos a seguir são baseados em princípios bíblicos, em nossas experiências pessoais e naquilo que temos observado e aprendido ao longo de nosso ministério. Lembre-se também de sempre buscar a sabedoria divina presente na Palavra, estar sensível ao direcionamento de Deus e procurar aconselhamento com seus pais, líderes e pastores.

Pergunta: Já caímos muito no namoro, mas estamos tentando mudar. Agora, queremos saber: o que fizemos pode afetar o nosso futuro casamento?

Resposta: Entendemos que com "cair muito no namoro" vocês estão se referindo ao pecado de fornicação, então o primeiro passo é o arrependimento sincero e o segundo é se posicionarem firmemente para não voltarem a cair. Deixar o pecado é fundamental para promover mudanças verdadeiras na vida e nos relacionamentos. Não adianta apenas ter remorso, é necessário um arrependimento genuíno que gere mudanças radicais em suas práticas.

Nossa vida é como um plantio: cada ação é uma semente que irá gerar frutos lá na frente. Então, ao mesmo tempo que se manter em pecado gera consequências negativas, arrepender-se verdadeiramente trará restauração. Deus pode mudar a história e a vida de vocês, levando-os a um relacionamento e casamento extraordinários.

Arrependam-se de coração e parem de fazer aquilo que os afasta do Senhor. Não brinquem com a tentação, achando que podem ficar "à beira do abismo" sem cair, fujam da aparência do mal! Criem estratégias, como, por exemplo: nunca fiquem a sós em um ambiente no qual ninguém está vendo vocês, não falem demais sobre assuntos mais "quentes", e assim por diante.

Pergunta: Amo meu marido, mas ele administra muito mal as finanças do nosso lar. O que devo fazer para ele me deixar assumir o controle financeiro do casal?

Resposta: Esta é uma questão delicada, pois envolve a saúde financeira e emocional do casal. Nós acreditamos que a comunicação é a chave para solucionar qualquer desafio nos relacionamentos. Se você ama seu parceiro, mas percebe que ele não lida bem com as finanças, é importante que ele também compreenda essa situação. Às vezes, pode ser que ele sequer se dê conta das dificuldades que tem nessa área.

Converse de forma respeitosa e empática sobre o tema. Você pode se aproximar do seu companheiro e dizer algo como: "Meu amor, que tal falarmos sobre nossa organização financeira? Acho que juntos podemos encontrar soluções de melhoria para a nossa situação". Com esse tipo de abordagem, você mostra que está disposta a trabalhar com ele para trazer uma solução, e não apenas apontar o problema.

Aqui entra a importância da sensibilidade na conversa. Se perceber que seu parceiro fica desconfortável ou resiste a lidar com o assunto, seja cuidadosa ao oferecer ajuda. Você pode mencionar que se sente capaz de assumir essa responsabilidade para aliviar um pouco a carga dele, especialmente se ele estiver sobrecarregado com outras tarefas. Contudo, entenda que não se trata de assumir o controle completo das finanças, mas sim de propor uma colaboração mútua; ambos devem participar e compreender a situação financeira do casal, para que as decisões sejam tomadas em conjunto.

Pergunta: Dá certo um namoro à distância?
Resposta: Sim, pode dar muito certo!

Nós dois passamos por isso e sabemos que não é fácil, mas se houver alinhamento e compreensão, pode se tornar um casamento abençoado. Namorar à distância pode intensificar algumas coisas, como ciúmes, saudades, vontade de conhecer melhor o outro... parece que tudo isso fica mais intenso. Aliás, não recomendamos que você parta para um relacionamento à distância sem pensar bem; avalie se você realmente saberá lidar com a ausência do outro ao longo do tempo.

Estando em um namoro deste tipo, recomendamos que se programem para se encontrarem com certa frequência, talvez uma vez ao mês ou conforme puderem, pois é fundamental conhecer os pais do outro, a sua família, estar junto a eles nas ocasiões importantes, e a presença física é essencial para o fortalecimento do vínculo de um par de namorados.

Por outro lado, a distância também pode fortalecer um relacionamento em certo sentido, se vocês se propuserem a conversar bastante, fazer algo "juntos", como ver um filme ao mesmo tempo e coisas do tipo. O importante é analisar a sua situação particular, e se você se sente preparado para enfrentar os obstáculos que um namoro à distância pode trazer e realmente acredita que aquela é a pessoa certa, siga em frente! Mas saiba que é um desafio, e não é para todo mundo.

Pergunta: Eu estava noiva, compramos uma casa, estava tudo certo para me casar e ele terminou comigo. Isso está certo?

Resposta: Noivado não é casamento, é apenas um passo rumo a essa decisão tão importante na vida de duas pessoas. Nós aplaudimos a atitude do rapaz em terminar o noivado, mesmo estando tudo encaminhado, como a compra da casa. É triste, sim, e talvez a decisão pudesse ter sido feita antes, causando menos comoção, mas muitas vezes vemos pessoas que transformam o noivado em uma espécie de algema e prendem-se a uma relação que não é realmente o que desejam. Algumas se veem compelidas a se casarem apenas por causa de aquisições materiais, como a compra de um imóvel ou o investimento na cerimônia.

A família muitas vezes exerce uma pressão enorme. Isso pode acabar pesando mais do que os próprios

PERGUNTAS E RESPOSTAS

sentimentos envolvidos, prendendo as duas pessoas nesse relacionamento que talvez não seja o ideal. Portanto, quando vemos alguém que toma a decisão de terminar o noivado antes de chegar ao altar, enxergamos uma atitude corajosa e madura.

Talvez ele tenha percebido que não se amavam verdadeiramente ou que não eram compatíveis para seguirem juntos. Nesse momento, é importante compreenderem que o término de um noivado é preferível a um divórcio no futuro, o que seria muito mais doloroso e complicado. Nossa opinião é que devemos encarar o noivado como uma fase de autoconhecimento, reflexão e diálogo, para que, na hora de dar o próximo passo, estejamos convictos de que é a escolha certa.

Pergunta: Gosto do filho do pastor, mas a mãe dele não quer deixá-lo namorar. Só que ele já tem 22 anos!

Resposta: Aqui temos algumas situações a considerar. Primeiro: há casos em que a mãe é muito presente na vida do filho e isso pode influenciar o relacionamento futuro. Imagine se a esposa tiver de conviver com uma sogra que decide tudo na vida do casal... seria complicado!

Também pode acontecer de o rapaz usar a mãe como desculpa para não se posicionar e tomar uma decisão; ele pode dizer coisas como "minha mãe não deixa" para evitar o constrangimento de dizer que, na verdade, não quer assumir um compromisso com você.

Outra possibilidade é que ele realmente queira a bênção dos pais, o que é admirável, porém talvez a mãe não aprove o relacionamento por algum motivo específico. Às vezes, ela pode perceber algo que o filho ainda não enxergou e, nesse caso, a mãe não seria a "vilã" da história.

Vale destacar que ela pode ter uma visão mais ampla e ser uma mulher de Deus, o que leva o filho a respeitar sua opinião. É importante saber distinguir se está protegendo o rapaz de uma relação inadequada ou se está agindo de forma controladora.

Entendemos que há muitas variáveis em jogo e, como dissemos anteriormente, cada situação é única. Além disso, não podemos descartar a possibilidade de que esse jovem sequer seja a melhor opção para você, já pensou nisso?

No fim das contas, é fundamental analisar todas essas perspectivas e conversar abertamente com a pessoa envolvida. Nem sempre as coisas são tão simples como parecem, precisamos ter empatia e compreensão.

Pergunta: Eu me casei há nove meses e, de uns tempos para cá, meu esposo tem me agredido. O que fazer?

Resposta: Violência em um relacionamento é inaceitável! O dever do marido é amar a esposa como Cristo amou a Igreja (cf. Efésios 5.25), e Jesus jamais agiria dessa maneira. Não feche os olhos para essa situação, aconselhamos você a buscar ajuda imediatamente. Converse com alguém de confiança, um líder espiritual ou denuncie essa situação às autoridades. Ninguém deve passar por isso, e é nosso dever apoiar e amparar quem enfrenta tal desafio. Então não se cale diante de abuso e não hesite em buscar ajuda ou apoiar alguém que precise do seu suporte.

Pergunta: Não gosto tanto do meu namorado. O que eu faço? Ele é apaixonado e planeja o nosso casamento.

Resposta: Não gosta? Se continuar com a relação, alimentará a ilusão do rapaz, então termine o namoro!

Pergunta: Amo a minha esposa, mas ela traz consigo traumas de um relacionamento passado. O que fazer?

Resposta: Sabendo que relacionamentos são construídos com base em confiança e entendimento mútuos, é fundamental que ambos conversem abertamente sobre suas experiências passadas e procurem compreender as razões que levaram relacionamentos anteriores ao fim; o ideal é fazerem isso na fase do namoro.

Existe a chance de que esses tipos de problemas até tenham sido identificados anteriormente, mas passaram a ser ignorados por quererem muito ficar juntos ou pela pressa para se casarem. Agindo dessa forma, alguns caem no erro de tentarem tapar feridas abertas com um *band-aid*, ou seja, não oferecem a devida atenção a questões sérias da área sentimental que precisam ser resolvidas com calma.

No caso, como já chegaram ao casamento, recomendamos que simplesmente se juntem para tratar a questão com bastante zelo e compreensão. Também pode ser muito proveitoso contar com a ajuda de alguém de confiança, que possa aconselhá-los e interceder por vocês. Demonstre seu apoio, encorajando-a a buscar cura para essas feridas, essa atitude fará toda a diferença na vida dela e terá um grande impacto no lar de vocês.

Pergunta: Meu marido cresceu em um lar cristão, mas apresenta dificuldade em permanecer firme em seu relacionamento com Cristo. O que eu faço?

Resposta: Crescer no meio cristão não é sinônimo de ser um verdadeiro seguidor de Cristo. É preciso que a pessoa aceite a Jesus como Senhor e Salvador, tenha um encontro pessoal com ele e experimente o poder de Deus em sua vida;

isso é bem diferente de frequentar uma igreja apenas para acompanhar os pais.

O que você pode fazer hoje é se manter fiel ao Senhor, sabendo que "[...] o marido descrente é santificado pela mulher, e a mulher descrente é santificada por meio do marido [...]" (1 Coríntios 7.14). Interceda pela vida dele, convide-o para orar com você e clame sempre pelo agir do Espírito Santo através da sua vida.

É possível que, por seu intermédio, Deus trabalhe no coração de seu marido e o conduza a uma transformação genuína. Lembre-se de que o seu relacionamento com o Senhor pode ser uma influência poderosa na vida dele e que é importante ter paciência e amor ao longo desse processo. Seja um suporte para ele e o encoraje a buscar mais de Deus. Com dedicação e perseverança, vocês podem alcançar um relacionamento extraordinário, fundamentado na fé e no amor.

Pergunta: Não tenho certeza se um dia quero me casar com o meu namorado. Devo continuar a relação?

Resposta: Se você não está certa disso, reflita sobre o que motiva o seu relacionamento. Antes de terem iniciado a relação, é provável que vocês já tivessem conversado e conhecido um ao outro, mas é durante o namoro que essas trocas se intensificam e você se prepara para o próximo passo, que é o noivado e, em seguida, o casamento.

Contudo, caso perceba que não se vê casada com essa pessoa, ou seja, está no relacionamento apenas para beijar ou satisfazer sua carência, reavalie a situação; pois se isso for realmente o que motiva a relação, esta é uma perda de tempo tanto para você quanto para ele.

Lembre-se da frase que usamos frequentemente: "cada dia vivido com a pessoa errada é um a menos com a pessoa certa". Esse tempo poderia ser utilizado para encontrar alguém de fato compatível com você, com quem poderá construir uma família, compartilhar seus sonhos e crescer junto. Então, nossa recomendação é clara: reflita, ore e, se entender que não faz sentido seguir com este namoro, seja honesta consigo mesma e com o seu parceiro. Não atrasem a vida um do outro.

Pergunta: Meu namorado não permite que eu mexa no celular dele, pois diz que preciso respeitar sua privacidade. Essa postura está certa?

Resposta: Relacionar-se é, essencialmente, compartilhar. Quando nos envolvemos com alguém, dividimos nossos sonhos, sentimentos, emoções, projetos e, é claro, a nossa vida. Na nossa concepção, isso inclui também compartilhar os celulares, os contatos e até mesmo as amizades. É um processo natural e esperado em qualquer relacionamento saudável.

Agora, vamos analisar a situação. Se o seu namorado não deixa você mexer no celular dele e justifica isso como uma questão de privacidade, talvez este seja um "sinal vermelho". Se ele não está fazendo nada de errado, qual seria o motivo para se preocupar? Claro, é importante lembrar que cada pessoa tem suas particularidades e limites. No início de um relacionamento, é normal que não saiam compartilhando senhas e expondo assuntos íntimos de imediato. Respeitar o espaço do outro é fundamental para construir confiança e fortalecer o vínculo da relação.

Entretanto, quando se trata de um relacionamento que já perdura, surge um ponto de atenção: "quem não deve não teme". É natural se sentir desconfortável quando se percebe que algo é mantido em segredo. Afinal, se não há nada a temer, por que tanto zelo pela privacidade? Avalie a situação com sensatez. Se esse comportamento de proteção excessiva persistir, pode ser um sinal de que algo está errado e talvez seja a hora de ter uma conversa sincera sobre a questão. Quando algo parece suspeito, procure investigar e, se necessário, tomar decisões que visem ao bem-estar e à felicidade de ambos. A base de qualquer relacionamento sólido é a confiança e a transparência.

Pergunta: Tenho sentimentos pelo meu amigo e estou há três anos e meio orando a respeito disso. Porém, ele já disse que não quer nada além de amizade. O que eu faço?

Resposta: É hora de mudar o foco. Não queremos soar insensíveis, mas insistir nisso pode ser prejudicial tanto para você quanto para ele, que já esclareceu que não corresponde aos seus sentimentos.

Orações são poderosas, e nós precisamos orar como Jesus nos ensina: "[...] **seja feita a tua vontade**, assim na terra como no céu" (Mateus 6.10 – grifo dos autores). Ou seja, não é conforme a sua própria vontade que se deve orar. Em vez de focar exclusivamente no desejo de que seu amigo mude de ideia, peça que os propósitos de Deus se cumpram em sua vida. E não ore somente pela área sentimental, coloque seu crescimento pessoal, objetivos profissionais e fortalecimento de sua intimidade com o Senhor em pauta.

E então, por mais que possa parecer difícil, esteja aberta a outras opções. Às vezes, focamos tanto em uma pessoa específica, que não conseguimos enxergar outras possibilidades ao nosso redor, algum rapaz interessante, com quem poderá construir uma relação feliz e recíproca. Acima de tudo, fixe seu olhar em Jesus, coloque sua confiança nele e acredite que há um motivo para os acontecimentos em nossa vida, até quando recebemos um "não".

Pergunta: O que fazer se o meu marido não apresenta uma boa higiene?

Resposta: Se esse comportamento surgiu após o casamento, é realmente lamentável. Afinal, é comum que uma pessoa queira manter aquela imagem de alguém limpo e organizado que mostrou durante o namoro, não é verdade? Porém, muitas vezes, desde antes algumas pessoas já trazem esse tipo de problema... e é importante ficar atento e notar certos detalhes, que podem revelar muito sobre a personalidade do parceiro.

Para solucionar esse problema já no casamento, o segredo, como sempre, é o diálogo. Converse com ele sobre o que a está incomodando; seja honesta, porém amorosa, pois ninguém gosta de ser acusado de maneira agressiva. Mostre que você se preocupa com o bem-estar dele e deseja que a relação seja a melhor possível para ambos. Talvez o seu marido não perceba que precise melhorar nessa área, uma conversa franca pode fazê-lo enxergar isso.

Pergunta: Vejo muitos defeitos em todas as pessoas que se interessam por mim. Até que ponto devemos ser tão seletivos?

Resposta: Ninguém é perfeito — isso é uma realidade que precisamos ter em mente desde cedo. Sempre haverá algum pequeno problema em todo ser humano, até em nós mesmos. A questão é: quais defeitos estamos dispostos a suportar em um parceiro e quais são realmente inaceitáveis para nós? Pense sobre isso para não se decepcionar ou sofrer mais tarde.

Cada pessoa tem seus limites e valores individuais. Alguns defeitos podem ser contornáveis por meio do diálogo e da compreensão mútua. Outros, porém, podem causar incompatibilidades irreversíveis.

Há casais que, mesmo notando defeitos claros em seus parceiros, insistem em acreditar que esses problemas vão sumir com o tempo, especialmente quando estão apaixonados. Mas, acredite, essa é uma armadilha perigosa! Se não estamos dispostos a conviver com determinados comportamentos, é melhor sermos sinceros e buscarmos alguém que esteja mais alinhado com as nossas expectativas.

A chave para ter relacionamentos mais saudáveis é ser seletivo e ao mesmo tempo compreensivo. Isso significa que é possível dialogar e fazer acordos para contornar os desafios juntos.

Pergunta: Embora sejamos da mesma denominação, ele é um crente menos tradicional e eu sou mais conservadora. O que fazer?

Resposta: Às vezes, acontece de encontrarmos pessoas que pertencem à mesma denominação, mas têm visões diferentes sobre a vida. Diante de uma divergência significativa, a resposta não está em tentar mudar um ao outro, pois isso pode gerar embates fortes, desgastes emocionais e comprometer a felicidade do casal. Acreditamos que o segredo está na comunicação aberta e sincera.

É essencial que vocês conversem, cheguem a um denominador comum e entendam que, às vezes, nem sempre é possível encontrar uma solução que agrade a ambos. Se não conseguirem conciliar aspectos fundamentais, não tenham medo de seguir caminhos separados. Manter um relacionamento em que constantemente se discute e se briga por questões de valores pode levar a uma situação insustentável a longo prazo.

Muitos dizem que os opostos se atraem, mas a experiência tem nos mostrado que, na maioria das vezes, os opostos tendem a brigar e se desentender. Portanto, um casal precisa buscar afinidades em suas visões de mundo e compartilhar dessas convicções basilares. Isso não significa que o parceiro ideal precisará ser idêntico a você em todos os aspectos, mas se a essência e os princípios dos dois não se alinham, o relacionamento pode acabar se tornando uma fonte constante de conflitos e insatisfações.

Pergunta: Meu marido nega intimidade física. Como devo agir?

Resposta: Quando isso acontece, vocês, como casal, precisam separar um tempo para conversar abertamente sobre o assunto. Fale com ele de maneira sincera e carinhosa, questionando o que está acontecendo e por que ele parece não querer essa intimidade. Muitas podem ser as razões para essa situação, talvez ele esteja se satisfazendo de outras formas ou se sinta inseguro nessa área por questões emocionais e até mesmo por problemas de saúde.

Não tenham vergonha de conversar sobre a vida sexual depois do casamento. Muitos casais evitam esse assunto por receio ou constrangimento, mas é fundamental compartilharem suas preferências com relação à intimidade física e discutirem os motivos por trás de um distanciamento.

SOS DO AMOR

Pergunta: Eu me envolvi com um homem que é casado e já tem uma família, gosto dele e sinto que é recíproco. Estou orando de madrugada e fazendo jejum. Ele era pastor em uma igreja evangélica, hoje não é mais, mas sinto que ele me leva para mais perto de Deus. É errado eu permanecer em oração para saber se esse relacionamento agrada ao Senhor ou não?

Resposta: Às vezes, o óbvio precisa ser dito: está tudo errado. Esse relacionamento é pecaminoso e está totalmente fora dos princípios de Deus. O fato de se envolver com um homem casado, mesmo que corresponda aos seus sentimentos e que você esteja orando e jejuando a respeito disso, não torna a situação correta!

Interrompam imediatamente essa relação antes que as consequências se tornem ainda mais dolorosas, porque ela é prejudicial para **todos** os envolvidos. Aliás, se ele está traindo a esposa, é provável que também faça o mesmo com você depois, caso decidam seguir com a relação. Não se permita viver algo totalmente oposto ao que o Senhor tem reservado para você.

Pergunta: Eu gosto do meu amigo e estou orando para que haja a oportunidade de nos relacionarmos. A mãe dele também está me ajudando em oração. O problema é que ele já está namorando com a minha amiga, e eles estão em uma relação que não me parece saudável. Devo seguir orando?

Resposta: Ponha-se no lugar de sua amiga. Imagine que é você quem está namorando e ela quem está agindo dessa forma. Você se sentiria bem sabendo disso? Então não faça ao outro o que não gostaria que fizessem a você.

190

Pergunta: É errado não querer namorar rapazes que já foram casados e têm filhos?

Resposta: Não há nada de errado em ter uma preferência ou critério nesse sentido. Cada pessoa possui experiências, histórias e caminhos percorridos. Todos temos o direito de escolher com quem queremos nos envolver e compartilhar a vida, e as decisões de cada um devem ser respeitadas.

Se você se sente mais confortável em se relacionar com alguém que ainda não teve um casamento e filhos, está tudo bem. Da mesma forma, interessar-se por uma pessoa que já teve uma história anterior também é válido. Afinal, não é certo limitarmos o amor e a conexão que podemos encontrar com outra pessoa baseados apenas no que já foi feito. Ao mesmo tempo, sabemos que esse tipo de relacionamento pode trazer peculiaridades e desafios extras. É como se você recebesse um pacote completo, incluindo não apenas a pessoa, mas também os filhos e a dor de uma separação. Lidar com essas circunstâncias requer compreensão, maturidade e respeito por todas as partes envolvidas.

Esta obra foi composta em *Adobe Garamond Pro*
e impressa por COAN Gráfica sobre papel
Offset 75g/m² para Editora Vida.